ORIGINALAUSGABE

EVELIN CHUDAK

FREIHEIT BEGINNT IM KOPF

Impulse für ein Leben nach eigenen Regeln

Umschlaggestaltung: Mandy Jochmann
Foto: Laura Möllemann Photography
Lektorat: Tina Söbbing; Stefan Beier
ISBN: 978-1523409839

**Für all diejenigen,
die sich mit dem
Status quo
nicht zufriedengeben
wollen.**

INHALT

VORWORT

Hast du dir schon mal in Ruhe Gedanken darüber gemacht, wer du bist und was du von diesem Leben willst oder gehörst du zu denjenigen, die nur jeden Tag so vor sich her leben und sich ein anderes Leben wünschen? Fehlt dir der Mut oder glaubst du, dass die Umstände daran schuld sind, dass du nicht dein bestes Leben lebst?

Ich entschied mich vor einigen Jahren dazu, meinem Leben eine komplett andere Richtung zu geben. Ich war unglücklich, fast durchgehend krank, kam einfach nicht weiter und verlor die Lust am Leben. Als ich mich dazu entschloss alles zu ändern und endlich den Dingen nachzugehen, nach denen sich mein Herz sehnte, veränderte sich mein ganzes Leben.

Wir alle haben zwei Leben. Das zweite Leben beginnt, wenn wir realisieren, dass wir nur das eine haben.

Manchmal sind es die schmerzhaften Erfahrungen, die uns auf den Weg zu unserem besten Leben führen. Im Leben geht es immer um Entscheidungen. Selbst die kleinste Entscheidung kann dein komplettes Leben verändern. Du musst nur den Mut besitzen, deinen Weg bewusst zu wählen.

Das Leben ist nicht immer einfach, dennoch lenken wir es mit und entscheiden, ob wir einfach der Masse folgen wollen oder die Verantwortung übernehmen und unser Leben so kreieren, wie wir es schon immer wollten.

Wir neigen oft zu zwanghafter Vernunft und vergessen uns selbst dabei. Wir vergessen unsere Hoffnungen, Träume und Wünsche.

Erinnere dich daran, wer du warst, bevor dir die Gesellschaft gesagt hat, wer du sein sollst. Denke quer. Habe Mut und schau auf deinem Weg auch mal nach rechts und nach links. Denn nur wer vom geraden Weg abkommt, wird sehen, was das Leben sonst noch so zu bieten hat.

Jochen Schweizer sagte mal so schön:

*„Wer etwas riskiert, kann sehr hoch fliegen
oder schmerzhaft abstürzen. Aber wer nichts riskiert,
wird niemals fliegen können."*

MEINE STORY

WIR ALLE HABEN ZWEI LEBEN.
DAS ZWEITE LEBEN BEGINNT,
WENN WIR REALISIEREN,
DASS WIR NUR DAS EINE HABEN.

MEIN ZWEITES LEBEN

Die thailändische Heilerin auf Koh Phangan schaut mich an während ich bei ihr auf dem Boden liege und sagt mir, dass ich vor ein paar Jahren gestorben sei. Ich schaue sie bestürzt an und frage, was sie damit meint.

„Du bist ein komplett anderer Mensch als noch vor ein paar Jahren. Dein altes Ich gibt es nicht mehr. Es ist komplett ausgelöscht."

Was sie nicht wusste: ich hatte Ende 2006 einen schweren Autounfall, bei dem mir ganz bewusst war, dass ich sterben würde. Eine Nahtoderfahrung würden es jetzt andere nennen. Ich war damals auf dem Rückweg von der Uni und bin wie immer mit lauter Musik und sehr hoher Geschwindigkeit auf der Autobahn gerast.

Als ein LKW einfach auf meine Spur herüberzog und dabei genau auf meiner Höhe war, dachte ich, dass es jetzt mit mir vorbei sei. Ich geriet ins Schleudern und wartete einfach nur noch auf den Aufprall. Während dieser paar Sekunden, schlich sich in mir eine unglaublich schöne Ruhe ein.

Wenn es inneren Frieden gibt, dann fühlt er sich genau so an. Ich hatte keine Angst, vor dem was gleich passieren würde. Es war alles ruhig. Ich konnte die laute Musik noch nicht mal mehr wahrnehmen.

Mein Gesicht brannte wie Hölle, die Musik war unerträglich laut. Ich machte das Radio erst einmal aus und schaute um mich um. CDs lagen überall herum. Die Airbags waren explodiert. Glasscherben waren überall. Ich stieg aus meinem Auto aus.

Ein Mann kam auf mich zu und nahm mich in den Arm. Er hatte ein weißes Hemd an, das durch mich voller Blutflecken war. In einen Spiegel wollte ich erst gar nicht schauen. Mein Gesicht schmerzte so sehr, dass es verdammt schlimm aussehen musste.

Kurze Zeit später waren auch schon der Krankenwagen und die Polizei da. Die Polizei stellte mir sofort Fragen und machte mir klar, dass ich unglaublich viel Glück hatte.

Es ging aber alles in diesem Moment so schnell, dass ich gar nicht realisieren konnte, was da eigentlich wirklich passiert war. Kurze Zeit später war ich in Bottrop im Krankenhaus und wurde untersucht. Dort sah ich mich dann auch zum ersten Mal im Spiegel, als mich ein Pfleger mit dem Tropf bis vor die Toilettentür begleitete.

Ich sah schlimm aus. Ich hatte Verbrennungen an den Wangen und im Rest des Gesichts Schwellungen und Wunden. Das war mir aber egal. Denn ich war noch da und wurde noch nicht ins Jenseits katapultiert.

Als mein Vater im Krankenhaus ankam und mich sah, musste er sofort weinen. Vielleicht sah man mir die Schwere des Unfalls doch an.

Ich habe die Verletzungen dennoch als leicht eingestuft. Mir fehlte ja nichts. Es waren nur äußerliche Verletzungen und nichts schwerwiegendes.
Ich cremte meine Wunden jeden Tag mit Heilsalbe ein

und glaubte felsenfest daran, dass alles gut ausheilt und nichts davon übrig bleibt.

Letztendlich war es auch so.

Ich vergoss nicht eine einzige Träne wegen des Unfalls, da ich es als ein zweites Leben das mir geschenkt wurde, ansah.

Eine sehr wichtige Sache habe ich zu dem Zeitpunkt aber noch nicht realisiert. Ich musste also noch vieles in der Zukunft lernen und sogar noch extremer und schmerzhafter hinfallen, damit mir endlich klar wurde, was mir das Leben eigentlich sagen wollte.

MEIN MISSRATENER WERDEGANG

Nach ungefähr zwei Wochen war ich wieder an der Fachhochschule und machte ganz normal weiter. Ich habe mich damals für internationales Management eingeschrieben, da es zulassungsfrei war und ich mir andere Studiengänge, die mich wesentlich mehr interessiert hätten, nicht zutraute. Mit völligem Desinteresse ging ich die ersten beiden Semester zu fast jeder Vorlesung.

Und schon wieder hatte ich das Gefühl, das ich auch während meiner vorherigen Ausbildung hatte:

Ich fühlte mich gelangweilt, leer und fehl am Platz. Den Studiengang zu wechseln oder gar das Studium abzubrechen, traute ich mich nicht, da ich meine Ausbildung zur Industriekauffrau nach zehn Monaten schon geschmissen hab‘. Aber fangen wir mal ganz von vorne mit meinem Werdegang an.

Ich bin 1985 in Polen geboren, wo ich dann auch noch zwei Jahre verbrachte, bevor mein Vater sich dazu entschied, dass wir alle nach Deutschland ziehen. Keine schlechte Entscheidung, da die Zeiten damals sicherlich nicht die besten in Polen waren. Wahrscheinlich war dieser Moment schon der unbewusste Startschuss in mein Nomadenleben. Wir lebten für eine Weile in Gevelsberg bei einer Verwandten meiner Mutter, bevor es ins schöne Hattingen ging.

Als ich neun Jahre alt war, entschieden sich meine Eltern dazu, sich selbstständig zu machen. Da mein Vater inzwischen schon einige Jahre im Bereich Maschinenbau gearbeitet hatte und auch sehr lernfähig ist, wollte er sein eigenes Ding versuchen.

Der Großteil der Verwandtschaft in Hattingen verspottete meinen Vater wegen seiner Entscheidung, da er ja aus Polen kam, sein Deutsch zu diesem Zeitpunkt eher gebrochen war und er keine wirkliche Ausbildung in diesem Bereich hatte.

Ihm war es aber scheißegal. Er wollte umsetzen, was er sich in den Kopf gesetzt hatte und tat dies auch.

Zur Schule zu gehen fand ich uninteressant, wodurch ich enorme Schwierigkeiten hatte, mich zu konzentrieren. Ab der Pubertät besuchte ich die Schule also nur noch unregelmäßig. Da meine Eltern nur am Arbeiten waren, konnte ich auch die Post von der Schule abfangen und selbst unterschreiben. Letztendlich musste ich die achte Klasse wiederholen. Zu dem Zeitpunkt hätte ich aber auch nichts dagegen gehabt, die Schule zu schmeißen.

Den Realschulabschluss schaffte ich so auf Biegen und Brechen. Eine Ausbildung wollte ich nicht machen, da ich nicht wusste was. Viele meiner damaligen Mitschüler wussten ganz genau, was sie werden wollten. Ob sie ihre Entscheidungen heute bereuen, weiß ich nicht. Für mich war damals jedenfalls schon die Vorstellung grauenvoll, mit siebzehn Jahren einen Job zu wählen und in dem erst mal zu bleiben.

Ich entschied mich also dazu, weiter zur Schule zu gehen und mein Fachabitur im wirtschaftlichen Bereich zu machen.

Meine Eltern freuten sich, da sie dadurch die Hoffnung hatten, dass aus mir noch etwas Vernünftiges werden würde. Fehlanzeige!

Die Höhere Handelsschule bestand zur Hälfte aus Schülern, die nicht wussten, was sie mit ihrem Leben anfangen sollten.

Wir spielten im Unterricht also Karten, unterhielten uns und machten uns über unseren rassistischen Klassenlehrer lustig. Inkompetente Lehrer trafen auf inkompetente Schüler. Eine grandiose Kombination, die darin resultierte, dass ich nur noch jeden zweiten Tag auftauchte.

Auch hier waren meine Noten miserabel. Wenn ich bedenke, dass ich während meiner ganzen Schulzeit nie wirklich fleißig war, ist es eigentlich ein Wunder, dass ich überhaupt einen Schulabschluss habe.

Ein paar Monate vor dem Abschluss, kam die Bewerbungsphase. Schöne Scheiße! Ich mochte den wirtschaftlichen Bereich ungefähr so sehr, wie einen Kater nach einer durchzechten Nacht.

Eigentlich hätte ich damals schon gerne etwas Kreatives gemacht, nur traute ich es mir irgendwie nicht zu. Es musste irgendwas her, was jeder kann.

Ich entschied mich dazu, mich bei Banken und anderen verschiedenen Unternehmen für eine kaufmännische Ausbildung zu bewerben.

Bei meinen Noten und den unglaublich vielen Fehlstunden, konnte ich mir beim besten Willen nicht vorstellen, dass mich überhaupt irgendein Unternehmen zu einem Einstellungstest oder Vorstellungsgespräch einladen würde.

Es kam aber anders als erwartet. Ich wurde von einigen Banken und Unternehmen zu Tests, Gruppengesprächen und finalen Gesprächen eingeladen.

Ich kann mich noch erinnern, als das letzte Gespräch mit der Sparkasse anstand und mich plötzlich die Panik überkam, dass die mich einstellen könnten. Anstatt zu diesem Gespräch zu gehen, ließ ich mich tätowieren. Damit hatte sich meine bodenständige Karriere bei der Bank erledigt.

Es standen aber noch ein paar Bewerbungen für andere Stellen aus. Ebenso eine für eine Stelle als Industriekauffrau, und am Ende trat ich diese Ausbildung auch an.

Eigentlich wäre diese Ausbildung auch ganz passend und praktisch gewesen. Meine Eltern waren zu diesem Zeitpunkt bereits einige Jahre erfolgreich in ihrem Business und ich hätte als ausgebildete Industriekauffrau hervorragend bei ihnen einsteigen können.

Wie auch schon in der Schule, merkte ich aber bereits nach einigen Wochen, dass ich mich nur durch etwas durchquälen würde, was ich eigentlich gar nicht wollte. Viele beglückwünschten mich für diesen tollen Ausbildungsplatz. Ich hatte allerdings keine Ahnung warum und hätte stattdessen besser zurücktreten und anderen die Chance auf diesen Ausbildungsplatz lassen sollen. Aber im Nachhinein ist man ja immer klüger.

Um nicht wieder die Erwartungen aller zu erfüllen und nur das zu tun, was Spaß macht, entschied ich mich zunächst zu bleiben. Man versicherte mir ja schließlich immer wieder, dass Arbeit keinen Spaß macht, sondern notwendig ist.

Nachdem ich relativ schnell träge wurde, anfing ständig tagzuträumen, immer häufiger krank wurde und einfach nur unzufrieden war, hatte ich die Schnauze voll.

Ich bin ein ziemlich sensibler Mensch und mein Körper hat sich schon immer schnell dagegen gewehrt, wenn ich mich durch Situationen quälte, in denen ich mich wirklich nicht befinden wollte. Damals sah ich diese Eigenschaft eher als Plage an. Heute bin ich dankbar dafür.

Es lag sicherlich nicht an meinen Arbeitskollegen, denn die waren alle nett. Da war einfach ein Verlangen nach etwas mehr. Mehr Abenteuer. Mehr Luft zum atmen. Mehr Freiheit. Mehr Leidenschaft. Und da passten so viele Vorgaben und feste Arbeitszeiten einfach nicht rein.

Ich kündigte also. Der Personalchef dachte nur, dass bei mir eine Sicherung durchgebrannt wäre, da ich bei der Kündigung anfing zu weinen. Es war aber einfach die Erleichterung. Der Personalchef gab mir die Chance, innerhalb der nächsten Wochen zurückzukommen, was ich sehr, sehr nett und fair von ihm fand, aber natürlich nicht tat.

AB INS AUSLAND?

Seit meiner Jugend träumte ich davon, nach Kalifornien zu ziehen. Ich hatte diesen typischen kalifornischen Lifestyle im Kopf. Viel Sonne, ein Surfbrett unter dem Arm und das Meer vor der Nase.

Und natürlich alles etwas freundlicher und entspannter.

Somit überlegte ich mir, welche Möglichkeiten ich hatte, ein Jahr in den USA zu verbringen. Ein Work-and-Travel-Visum vielleicht? Der finanzielle Aspekt eines solchen Unternehmens war, wie bei allen solchen wunderbaren Plänen, natürlich der ausschlaggebende und ich stellte sehr schnell fest, dass dieser Traum zunächst erstmal sterben musste. Ich musste ja auch schnell eine Lösung finden, damit keine dieser ach-so-schlimmen Lücken im Lebenslauf entstanden.

Ich bewarb mich also an einigen Fachhochschulen für verschiedene Studiengänge und wurde an der Fachhochschule Gelsenkirchen angenommen. International Management würde ich also bald studieren. Da die Fachhochschule aber mehrere Standorte hat, wurde ich für den Studiengang nach Bocholt verfrachtet.

Ich hatte noch nie zuvor etwas von Bocholt gehört. Nachdem ich Google befragte, wusste ich, dass es irgendwo hinter Wesel an der holländischen Grenze liegt.

Die ersten Wochen waren auch noch sehr interessant. Nicht wegen des Lernstoffs, sondern wegen der vielen neuen Leute, die ich dadurch kennenlernen durfte und manche von ihnen bis heute noch gute Freunde von mir sind.

Nachdem ich knapp drei Monate lang jeden Tag insgesamt 200 Kilometer zurücklegte und dann noch den Unfall hatte, entschied ich mich nach Bocholt zu ziehen. Ich hatte einfach keine Lust mehr, so viele Stunden im Auto zu verbringen, da im Ruhrgebiet auch immer Stau vorprogrammiert war und es manchmal eine halbe Ewigkeit gedauert hat, wieder zu Hause anzukommen.

Ich freute mich zu Beginn schon ein wenig, nach Bocholt zu ziehen. Mir war aber auch bewusst, dass ich, wenn ich schon wegen des Studiums dahin ziehe, muss ich es auch ernst nehmen. Die nächsten drei Jahre lebte ich also in einer kleinen schnuckeligen Wohnung in Bocholts Zentrum.

Kurz nach meinem Umzug hatte ich auch schon einen

festen Freund in der Gegend, was nicht überraschend war, da ich nicht alleine sein konnte. Er studierte im selben Semester wie ich, war allerdings mit ein wenig mehr Biss an der Sache. Die Sache zwischen uns hielt nicht besonders lang, was für mich zu dem Zeitpunkt fatal war.

Ich konnte einfach nicht alleine sein. Normalerweise hätte ich mich direkt in die nächste Beziehung gestürzt. Aber nun war es an der Zeit, endlich zu lernen, alleine zu sein.

HALLO DEPRESSIONEN

Was in den darauffolgenden Monaten geschah, weiß ich eigentlich gar nicht mehr so wirklich.

Ich versuchte zu studieren. Ich saß an manchen Tagen stundenlang vor den Skripten und Büchern und wusste eigentlich nicht, was ich da so wirklich lese. Es interessierte mich nicht, langweilte mich fast zu Tode und bereitete mir Kopfschmerzen. Zudem konnte ich die Worte eines Professors nicht aus dem Kopf kriegen: „Zu 90 % werdet ihr das Gelernte eh nie benötigen!" Wozu zum Teufel, sollte ich mir dann den ganzen unnötigen Scheiß eintrichtern?

Aber was sollte ich machen? Ich bin extra für das Studium nach Bocholt gezogen und meine Ausbildung hatte ich ja auch schon abgebrochen. Was würden auch meine Familie und meine Freunde mal wieder denken? „Schon wieder schmeißt sie etwas hin, nur weil es ihr keinen Spaß macht."

Nach einer Weile wachte ich jeden morgen mit Kopfschmerzen auf und verbrachte den ganzen Tag im Pyjama und Bademantel.

Irgendwas stimmte nicht. Also ging ich zum Arzt

und ließ mich untersuchen. Körperlich war ich scheinbar kerngesund. Also machte ich noch ein paar Wochen weiter so. Da sich aber nichts verbesserte, entschied ich mich zum Neurologen zu gehen. Aber auch da war alles in bester Ordnung. Eine einzige Ärztin jedoch, fragte mich dann nach meinem Privatleben und wie ich mich denn eigentlich so fühlte, ob ich eventuell eine Trennung hinter mir hätte. Ich erzählte ihr, dass es mir psychisch sehr gut ginge. Zu peinlich wäre es mir damals gewesen, das Gegenteil zu behaupten.

Meiner Meinung nach waren die Gründe dafür, die Tatsache, dass ich keine Hobbys hatte, keinen Sport machte und während des Studiums auch nicht arbeiten musste. Ich hatte von meinen Eltern gelernt, dass man für alles im Leben hart arbeiten muss. Wenn man etwas möchte, muss man es sich leisten können. Somit hatte ich eigentlich schon sehr früh kleine Jobs, um mir bestimmte Extras erlauben zu können. Zu dem Zeitpunkt in meinem Leben, fehlte mir aber scheinbar an nichts – zumindest nichts, was man mit Geld hätte kaufen können.

MEIN LEBEN IST SINNLOS

In der Zwischenzeit lernte ich Eli kennen, die während den Vorlesungen gerne in der letzten Reihe schlief. Sie kam extra aus Würzburg für das Studium nach Bocholt. Gelohnt hatte es sich für sie auch nicht – wie eigentlich für fast niemanden, der wegen des Studiums her zog. Wir wurden Freunde und verbrachten viel Zeit miteinander.

Auch ihr ging es während des Studiums nicht besonders gut. Doch einen Lichtblick gab es für sie – es sollte bald nach Kapstadt gehen. Sie hatte sich für ein Auslandssemester an der University of Cape Town beworben und wurde auch angenommen. Ich versprach ihr, sie während der Zeit in Südafrika zu besuchen.

Ich sparte, wo es nur ging, nahm für manche Wochenenden Promotion-Jobs an und nahm den Rest von meinem Sparbuch, um mir die Reise leisten zu können.

Das war der Punkt, an dem ich allmählich realisierte, dass es mich viel mehr erfüllte, für Erlebnisse und Reisen Geld auszugeben, als für irgendwelche Konsumgüter.

HALLO KAPSTADT

Kapstadt ist, mit seiner hohen Mordrate, eine der gefährlichsten Städte der Welt. Bittere Armut, Rassismus und fürchterliche Gewalt gehören genauso zu der Stadt, wie eine unglaubliche Natur, einsame Traumstrände und Luxus ohne Ende.

Was soll's, besser in Kapstadt durch einen Raubüberall sterben, als in Bocholt vor Langeweile dahinvegetieren.

Im April 2008 ging es für mich also von Düsseldorf nach Kapstadt.

Eli wohnte in einem großen Haus, das von etwa 8-10 Leuten bewohnt wurde. Das Haus war mit einem großen Garten, Swimmingpool und Palmen ausgestattet und lag im trendigen Stadtviertel Observatory, welches größtenteils von Studenten bewohnt wird.

Kapstadt hatte mich schon nach ein paar Minuten in seinen Bann gezogen. Auf dem Weg vom Flughafen zu Eli's Unterkunft, konnte ich schon erahnen, dass Kapstadt etwas ganz besonderes zu bieten hat.

Und mein erster Eindruck wurde auch bestätigt. Der imposante Tafelberg, umgeben von vielen bunten Stadtteilen und Stränden, macht schon einiges her. Das Kapstadt aber nicht ohne ist, durfte ich auch erleben.

In den drei Wochen gab es zwei Einbrüche in die WG, obwohl fast jedes Haus wie ein Hochsicherheitstrakt abgesichert ist.

Nachts im Bett hörte ich ab und an Schüsse, was mich nach einer Weile aber schon fast gar nicht mehr wunderte. Wenn wir nachts durch weniger gute Stadtteile fuhren, wurden die Autotüren verriegelt, die Fenster einen kleinen Spalt geöffnet, damit man sie nicht so einfach einschlagen kann und an roten Ampeln wurde auch nicht gehalten.

Das sind alles Dinge, mit denen die Bewohner Kapstadts jeden Tag konfrontiert werden und trotzdem lieben sie ihre Stadt.

Während der Zeit in Kapstadt verliebte ich mich auch unsterblich, was mir zu dem Zeitpunkt einfach nur gut tat. Es war eine wunderschöne Romanze, die an kitschigen Momenten kaum zu übertreffen war.

Als ich im Flugzeug saß und alles Revue passieren ließ, kam ich mir vor wie in einer Hollywood-Schnulze. Es war alles so perfekt und voller wunderschöner Momente. Die Zeit in Kapstadt werde ich niemals vergessen.

Rückblickend würde ich Kapstadt für mich persönlich so beschreiben:

Kapstadt ist für mich die schönste Stadt der Welt!
Sie hat einfach alles: Berge, das Meer, Kultur, Inspiration, Natur, eine interessante Geschichte, gutes Essen, Wein, ein aufregendes Nachtleben und noch vieles mehr.

Für mich hat Kapstadt aber auch persönlich eine große Bedeutung. Zum ersten Mal stieg ich allein in einen Flieger, um eine Freundin auf einem anderen Kontinent zu besuchen. Vieles ist in den Monaten zuvor passiert, was mich erkennen lies, dass das Leben nur so an mir vorbeizog. Damals nach Kapstadt zu fliegen, war eine der besten Entscheidungen, die ich in meinem bisherigen Leben getroffen habe. Natürlich bin ich vorher auch schon verreist, hatte aber nie das Gefühl, dass sich in mir etwas verändert hat oder es mir zum persönlichen Wachstum verhalf.

Ich habe die schönste und gleichzeitig hässlichste, vom Rassismus zerfressene Stadt gesehen. Kapstadt ist nicht ungefährlich. Es gibt Regeln, die man sich unbedingt beachten muss. Ich habe schreckliche Armut und unglaublichen Reichtum gesehen. Man fängt automatisch an, sich Gedanken über das Leben zu machen, ob man wirklich die Unmengen an materiellen Dingen braucht, die wir mit der Zeit anhäufen oder ob es einfach nur unnötiger Ballast ist. Viele der Menschen dort sind unvorstellbar arm und trotzdem glücklich! Zurück in Deutschland nimmt man die ganzen unzufriedenen Gesichter bewusster wahr als zuvor und man fragt sich, warum die Menschen so unzufrieden sind, obwohl es ihnen an nichts fehlt.

Ich denke, wenn es damals nicht Südafrika, sondern ein anderes Land gewesen wäre, hätte es nicht so eine Veränderung in mir vollbracht. Es wurde ein Prozess in Gang gesetzt, der bis heute noch anhält und wahrscheinlich noch mein ganzes Leben lang anhalten wird. Ich bin nicht mehr derselbe Mensch, der ich vor der Reise war. Wäre ich damals nicht in den Flieger gestiegen, wäre mein Leben höchstwahrscheinlich anders verlaufen.

Wir alle haben zwei Leben. Das zweite Leben beginnt, wenn wir realisieren, dass wir nur das eine haben.

MEIN LEBEN IST SCHEISSE

Da war ich nun wieder in Bocholt und versuchte dort weiterzumachen, wo ich aufgehört habe. Jetzt war es allerdings noch schwerer als vor Kapstadt.

Ich hatte endlich mal wieder etwas aufregendes erlebt, das mir zeigte, dass die Welt da draußen verdammt viel zu bieten hat. Und nun sollte ich mit meinem Hintern wieder dort bleiben? Die ersten Wochen schienen mir noch machbar zu sein. Nach einer Weile schlich sich aber schon wieder der selbe Trott sein. Und damit war es für mich schon wieder vorbei. Mein Leben schien mir so langweilig zu sein. Ich war es aber nie. Wie bin ich nur da hinein geraten?

Warum zur Hölle wollte ich mich anpassen? Sich der Masse anzupassen war noch nie erstrebenswert. Für mich gleicht es dem Tod der Individualität.

Ich wurde noch träger und ritt mich mit meinem Dasein so richtig in die Scheiße.

Ich kann mich bis heute an diesen einen Tag erinnern, als ich im Auto saß und eine Landstraße im Münsterland entlangfuhr. Es war grau draußen, wie schon seit zwei Monaten. Ich fuhr wie in Trance, bis ich die Bäume auf der rechten Seite bemerkte und ich kurz daran dachte, was passieren würde, wenn ich mein Auto vor den Baum setzen würde. Der Gedanke erschreckte mich zutiefst, denn noch hatte ich das Gefühl ein wertloses Leben zu führen. Ich stellte mir viele Fragen: Welchen Sinn hat, was ich tue? Hab ich Freude daran, etwas zu studieren, bei dem Kapital das wichtigste ist? Wieso hinterfragen nur so wenige Menschen ihr Leben? Warum agieren so viele Menschen einfach nur wie Roboter? Was stimmt nicht mit uns? Oder liegt es einfach nur an mir, dass mir diese Welt so grau und trostlos erscheint?

Selbst nach dem Studium würde es doch recht langweilig weitergehen. Ich würde Montag bis Freitag im Büro verbringen, mich auf das Wochenende freuen, den Montag selbstverständlich verabscheuen, mich auf meinen Urlaub freuen, für meine Wohnung, mein Auto und meinen Urlaub arbeiten gehen. In meiner Freizeit würde ich dann noch schön shoppen gehen, um den Konsum bloß konstant hoch zu halten und in diesem kurzen Moment zufrieden zu sein. Eine absolute Horrorvorstellung für mich in diesem Moment. Natürlich gibt es verschiedene Lebensarten, mit denen man glücklich und zufrieden sein kann. Zu diesem Zeitpunkt realisierte ich aber noch nicht, dass es ein Inside Job ist und nicht die äußeren Umstände.

Freunde waren der Meinung, dass ich einfach viel zu viel hinterfrage. Ich sollte die Dinge einfach so akzeptieren, wie sie sind und so leben wie alle anderen auch. Ich konnte mich mit dem Gedanken aber beim besten Willen nicht abfinden. Es musste doch so viel mehr da draußen geben!

Es vergingen ein paar Monate, bis ich mich endlich an meine Planung für mein Auslandssemester machte. Endlich sollte es in meine Traumstadt Santa Barbara gehen! Seit meinem fünfzehnten Lebensjahr träumte ich davon, eines Tages nach Kalifornien auszuwandern. Nun durfte ich ein halbes Jahr dort verbringen und an einer Top Uni studieren. Ich suchte passende Kurse aus, die ich mir Daheim anerkennen lassen könnte, bereitete mich auf den Sprachtest ein wenig vor und machte mich dann an einem Sonntag auf den Weg nach Düsseldorf, um dort den Sprachtest abzulegen. Auf dem Weg dorthin, setzte mein Navi zum allerersten Mal aus und ich wusste nicht wohin.

Ein Smartphone besaß ich zu diesem Zeitpunkt noch nicht. Gleichzeitig bemerkte ich auf dem Weg dahin, dass ich meinen Personalausweis vergessen habe und dazu noch weitere wichtige Unterlagen.

Schöne Scheiße! Ich drehte um und fuhr zurück. Leider konnte man diesen Test nur alle 1-2 Monate ablegen, wenn ich mich richtig entsinne.

Ich informierte mich, wie ich stattdessen vorgehen kann und realisierte, dass es ziemlich knapp werden könnte.

Eine Alternative musste also her. Eine Freundin von mir plante, ein Auslandssemester in Australien zu machen und fragte mich, ob ich nicht mit ihr an dieselbe Uni möchte. Sie hatte vor, an der Griffith University in Brisbane oder an der Gold Coast zu studieren. Wir schauten uns beide Optionen gemeinsam an und machten uns an den Bewerbungsprozess. Wir entschieden uns für die Gold Coast. Ich meine, wann hat man schon die Möglichkeit mehrere Monate an einer der schönsten Küstenabschnitte Australiens zu verbringen?

Das ganze Bewerbungsverfahren lief recht unkompliziert und schnell ab. In der Zwischenzeit kündigte ich meine kleine Wohnung in Bocholt und machte mich auch schon langsam an den Auszug.

Während ich meine Küchenschränke leerräumte, wurde mir klar, dass ich einen ganzen Karton nur mit Medikamenten füllen konnte.

Ich erschreckte mich, was ich da so alles innerhalb von zweieinhalb Jahren ansammeln und wie viele Krankheiten ich mir einreden konnte. Ich begriff in diesem Moment, wie schlecht es mir wirklich ging.

WILLKOMMEN IN DOWN UNDER

Im Juli 2009 ging es von Düsseldorf aus nach Brisbane. Schon nach der Ankunft am Flughafen war eigentlich klar, dass ich mich in dieses Land verlieben würde.

Auf der Damentoilette wurde ich von einer älteren Dame angequatscht, die gerade von ihrem Urlaub aus Dubai zurückkam und sich ihre Haare am Waschbecken waschen wollte. Sie war für mein damaliges Verständnis viel zu nett und viel zu gesprächig. Sie hatte mir angeboten, kostenlos in ihrem Haus zu leben. Ein Zimmer wäre meins, solange ich möchte. Ich lehnte dankend ab, war aber gleichzeitig fast schon schockiert von der australischen Gastfreundschaft.

Von Brisbane ging es mit dem Zug zur Gold Coast. Wir verbrachten die ersten Tage in Southport, ein Ortsteil, der zwar nur ein paar Kilometer vom Meer entfernt, aber dennoch nicht besonders schön ist. Als wir dann aber mit dem Bus die Stadtteile am Strand abklapperten, war's um mich geschehen.

Ich werde den Moment niemals vergessen, als ich dort im Bus saß und über die Brücke fuhr, die zwischen Southport und Main Beach lag.

Da waren wunderschöne Häuser direkt am Wasser und jedes dieser Häuser hatte ein Boot oder Jetski direkt vor dem Haus geparkt. Wo bin ich hier gelandet? Ich hoffte nur, dass es nicht zu versnobt werden würde.

Dieser Gedanke ist sehr schnell wieder verflogen, als ich in meiner ersten Statistikvorlesung saß und der Professor barfuß den Raum betrat.

Aus Deutschland kannte ich es so, dass die Professoren eher spießig gekleidet daherkamen und sich auch dementsprechend verhielten.

In Australien lief das alles etwas anders ab. Und das, obwohl ich an einer sehr guten Universität studieren dufte. Selbst der Email-Kontakt mit den Professoren lief so locker ab, als ob ich mit Freunden schreiben würde.

Auf dem Weg von der Uni zum Strand lernte ich einen Schweizer im Bus kennen, der zu dem Zeitpunkt schon seit einer Weile in Australien lebte und als Marketing Manager arbeitete.

Er war gerade auf dem Weg zu einer Präsentation und trug Board Shorts und Flip Flops. Das sei wohl kein Problem bei der australischen Mentalität, zu einem Business Meeting so anzutanzen. Der Lifestyle an der Gold Coast trägt da sicherlich auch ihren Teil bei.

Australien hatte mich gewonnen!

Australien ist ein Land mit einer verdammt hohen Lebensqualität, vergleichbar mit Ländern in Skandinavien oder Kanada. Trotz durchschnittlich hoher Einkommen, legen die Australier mehr Wert darauf, ihr Geld für Genuss und Freizeitaktivitäten auszugeben, anstatt sich eine Luxuskarre zuzulegen und ihr Haus mit dem besten Schnickschnack auszustatten.

Das Leben findet größtenteils draußen statt, wozu also Geld für unnötige Dinge ausgeben?

Wenn ich vorhatte mir WG-Zimmer anzuschauen, war es keine Seltenheit, dass mir angeboten wurde mich abzuholen und mich anschließend wieder zurückzubringen.

Als Europäer kann man Australier schnell als sehr naiv abstempeln. Sie sind aber einfach nur unglaublich gastfreundlich und versuchen immer, das Gute in den Menschen zu sehen. Ich möchte hier nichts pauschalisieren, es war einfach nur meine persönliche Erfahrung.

Als ich mich vor kurzem in Berlin mit einem Freund von der Gold Coast traf, der zu dem Zeitpunkt durch Europa reiste, erzählte er mir, dass es schön und aufregend sei, aus Australien rauszukommen. Gleichzeitig wüsste er dadurch sein Land wieder viel mehr zu schätzen. Er bezeichnete Australien als friedliche Blase, in der selten etwas schlimmes passiert. Ganz genauso habe ich Australien auch empfunden.

Ich verliebte mich hoffnungslos in das Land und die Menschen und konnte mir irgendwie gar nicht mehr vorstellen, in Deutschland zu leben.

ZURÜCK IN GOOD OLD GERMANY

Zurück in Deutschland hatte ich einfach das Gefühl, fehl am Platz zu sein. Es fühlte sich falsch an. Die Mentalität, die mir nie besonders zusagte, störte mich jetzt noch mehr.

Mir fehlte das freundliche Miteinander, das ich aus Australien kannte. Mir fehlten die Ärzte, die in ihrer Arbeitskleidung auf dem Skateboard mit dem Surfboard unter dem Arm Richtung Strand fuhren, um die Pause zu genießen.

Wo war die Leichtigkeit des Seins in Deutschland? Warum sind alle so ernst? Warum fühlt sich das Leben hier so schwer an? Warum wird mehr gejammert als gelacht?

Zur selben Zeit wurde die Firma meiner Eltern von einem Unternehmen geschluckt. Dies alles passierte nur, weil mein Vater den falschen Menschen vertraute und sie dies für Geld einfach schamlos ausnutzten. Die nächsten Monate waren mehr als hart und hinterließen bleibende Spuren.

Das Leben ging aber weiter. Ich zog wieder nach Bocholt in ein Wohnheim und versuchte das Studium ein allerletztes Mal ernst zu nehmen.

Was passierte natürlich? Es war jetzt noch schlimmer als vorher. Es funktionierte einfach gar nicht mehr. Ich konnte mir die Unterlagen noch nicht einmal zehn Minuten anschauen, ohne zu gähnen. Aber alle erwarteten von mir, dass ich das Studium nun endlich beendete, was in zuviel Druck endete.

Ich wusste, dass es so nicht weitergehen kann und besorgte mir einen Termin bei einem Psychologen. Ich erhoffte mir, dass er meinen Verstand gut genug manipulieren kann, um mich durchs Studium zu bringen. An sich war aber schon bei der ersten Sitzung klar, dass das Ganze nichts werden kann. Ich wusste, warum er bestimmte Fragen stellte und worauf er es abzielte. Das war aber nicht das, was ich wollte.

Er verschrieb mir Anti-Depressiva, um mich positiv gegenüber meines Studiums und meiner aktuellen Situation zu stellen. In diesem Moment wusste ich nicht, ob es für mich ein Segen sein soll oder das absolute Gegenteil davon.

Gleichzeitig fing ich in der selben Zeit an plötzlich an Panikattacken zu leiden und bekam Prüfungsangst. Alles Dinge, die mir neu und unheimlich waren. Und das schlimmste daran: sie hatten mich im Griff!

Ich ging also zu meinem Hausarzt in Bocholt und er verschrieb mir Valium für meine Prüfungen. Woohoo… ich wollte schon immer mal unter Drogeneinfluss Prüfungen schreiben! Scherz beiseite – was sich der Arzt dabei gedacht hat, weiß ich nicht. Ich fand es in diesem Zeitraum aber mehr als angenehm, einfach nur betäubt zu sein.

Ich konnte dadurch nicht mehr wahrnehmen, dass mein ganzer Körper und mein Geist protestierten und gleichzeitig war ich in der Lage, Prüfungen zu schreiben. Auch wenn ich nur zu 20 % anwesend und der Rest von mir einfach nur high war.

Ich ging noch dreimal zu dem Psychologen und entschied dann, dass ich besser weiß, was für mich gut ist. Er konnte keinen Zugang zu mir finden und ich empfand es als reine Zeitverschwendung. Ich setzte die Antidepressiva nach nur vier Wochen wieder ab und besuchte den Psychologen nie wieder. Das war eine der besten Entscheidungen, die ich treffen konnte!

Einige Zeit später stellte sich raus, dass meine Schilddrüse nicht einwandfrei funktionierte, was vieles erklären würde.

Ich zog wieder zurück ins Ruhrgebiet und besuchte die Uni nur noch sporadisch. Ich arbeitete wieder im Büro und gelegentlich als Promoterin. Glücklich machte es mich nicht, dennoch fühlte ich mich besser, aus Bocholt raus zu sein. Ich möchte den Ort hier nicht als unglaublich schlecht darstellen. Die Stadt war schön und idyllisch, nur sagte sie mir einfach nicht zu und meine Lebensumstände dort trugen auch nicht wirklich positiv dazu bei.

Von meinen Ersparnissen verreiste ich nach Südafrika, in die USA und in verschiedene Länder in Europa. Es war jedes mal wieder schön, für eine Weile rauszukommen und etwas anderes zu sehen.

Während des Studiums lernte ich auch Dennis kennen, der zu dem Zeitpunkt vermehrt Kontakt zu mir suchte, da er daran dachte, ein Auslandssemester in Kapstadt oder irgendwo in Australien zu machen. Da ich beides kannte und liebte, fragte er mich, welches die bessere Option für ihn wäre und ob ich nicht mitkommen möchte.

So eine Frage muss man mir natürlich nicht zweimal stellen. Wir telefonierten jeden Tag, feierten verrückte Parties in ganz Deutschland und wurden gute Freunde.

Gleichzeitig fingen wir an, unseren Ausla Auslandsaufenthalt konkret zu planen.

Australien sagte mir eher zu, da ich das Working Holiday Visum nutzen könnte und endlich austesten könnte, was es bedeutet in Australien zu leben und zu arbeiten. Außerdem hatte ich auch nicht genug Geld, um einfach ein paar Monate nur Urlaub zu machen.

Ich überlegte noch hin und her wegen des Studiums und wegen des Geldes und entschied mich dann dazu, meinen Bausparvertrag aufzulösen und darauf zu scheißen, was andere von mir erwarten. Das Studium kann warten. Das Leben aber nicht.

Fuck it! Wir buchten also Flüge nach Brisbane!

ZURÜCK IM LAND DER KOALA-MANAGER

Die ersten Tage waren eher mittelmäßig, da es immer mit etwas Stress verbunden ist, eine Unterkunft zu finden und sich zu aklimatisieren.

In Australien merkte ich von Tag zu Tag mehr, was ich eigentlich vom Leben wollte. In den Ruhrpott zurückzukehren, um dort sesshaft zu werden, gehörte definitiv nicht dazu.

Ich zog also in eine WG in Surfers Paradise. Nicht unbedingt mein Lieblingsort an der Gold Coast, aber das Beste, was ich auf die Schnelle finden konnte.

In der WG lebte Brigilda, eine Italienerin, die ich sehr schnell in mein Herz schloss.

Meinen ersten Job ergatterte ich durch Zufall, als ich mit Brigilda in einem italienischen Restaurant essen war, das einer großen deutschen Kette angehört. Beim Bezahlen an der Kasse hatte ich den Manager der Filiale vor mir und wir plauderten über das Geschäftsmodell, das diese Restaurantkette verfolgt. Er fragte uns, ob wir Arbeit suchen. Eine Woche später fingen wir dort an zu arbeiten.

Ich wurde also dort in der Küche beschäftigt. Die Bezahlung war gut und zuverlässig, doch konnte ich es nicht besonders leiden, in der Gastronomie zu arbeiten. Die Arbeitszeiten waren eine Katastrophe und die Arbeit mehr als anstrengend.

Ich besorgte mir eine australische Business Number, so dass ich auch selbstständig arbeiten durfte und suchte mir einen Promotion-Job. Die Bezahlung war unverschämt gut, nur die Überwindung die Voraussetzungen zu erfüllen, war enorm.

Für die Promotion einer amerikanischen Biermarke kellnerte ich also mehrere Wochen in einem goldenen Minirock. Ich verdiente aber in drei Stunden genug, um die Miete für eine Woche zu bezahlen.

In Melbourne verkaufte ich mit Brigilda sogar an einem Samstag Abend Kekse auf der Straße. Wir kauften einfache Kekse in einem Supermarkt für wenig Geld, zogen uns identisch an und verscherbelten die Dinger für einen Dollar das Stück. Kein schlechter Umsatz, da wir für eine Packung Kekse nur zwei Dollar bezahlten. Handel in seiner einfachsten Form. Zudem arbeitete ich auch ein paar Mal privat als Deutschlehrerin.

YOGA UND DIE SUCHE NACH MEHR

Während meiner Zeit in Melbourne fing ich an, regelmäßig Yoga zu machen. Ich hatte vorher schon öfter Yoga ausprobiert, bin aber nie so richtig auf den Geschmack gekommen. Diesmal sollte es anders sein.

Ich verließ jeden Tag die Yoga-Klasse und hatte das Gefühl zu schweben. Auch die innere Leere, die sich immer wieder mal zeigte verschwand plötzlich. Ich fühlte mich, als ob ich eine neue Wunderpille entdeckt hätte.

Ich fing auch automatisch an, besser zu essen, da sich ungesundes Essen immer schlechter anfühlte.

Yoga gehört seitdem auf jeden Fall zu meinem Leben und ich möchte es auch nicht mehr missen.

Nach drei Monaten in Melbourne, zog es mich wieder zurück an die Gold Coast. Ich fing wieder an in der Gastronomie zu arbeiten und wurde unglaublich unzufrieden.

Ich fing an, mir vermehrt Gedanken darüber zu machen, was ich alternativ machen könnte. Ich hatte einfach keine Lust mehr, für andere zu arbeiten. Etwas eigenes musste her. Ich hatte zig Ideen, nur fühlte sich keine davon zu 100 Prozent richtig an. Alle Ideen beruhten darauf, dass ich irgendwo ein Lokal besitzen müsste und dadurch ortsgebunden wäre. Das wollte ich aber nicht.

Ich sah mich in meiner Vorstellung immer wieder arbeitend mit meinem Notebook in einem Café sitzen. Welche Arbeit ich dort genau verrichten würde, wusste ich noch nicht. Mir war einfach noch nicht ganz bewusst, welche Möglichkeiten es gibt.

Die Suche ging also los und sollte nicht beendet werden, bevor ich gefunden hatte, wonach ich suchte.

Nach ein paar weiteren Monaten Arbeit im Restaurant

und keinerlei Fortschritt in irgendeine Richtung, wurde ich immer unzufriedener und gelangweilter. Zudem wurde ich auch noch krank und fühlte mich unglaublich schlapp. Mein Allgemeinzustand stimmte einfach nicht.

Ich entschloss mich dazu, zurück nach Deutschland zu fliegen. Was bringt es mir an dem schönsten Ort zu sein, wenn ich aber nicht das machen kann, was ich möchte oder mich erfüllt?

Ich hatte niemals vor, ein Jahr lang durch das Land zu reisen und dann wieder in die Normalität nach Deutschland zurückzukehren. Ich wollte mehr. Ich wollte Freiheit und Leidenschaft. Die Suche ging also jetzt erst so richtig los.

Nach Australien wollte ich erst wieder zurück, wenn ich mein Ding gefunden hab. Vorher wollte ich den Boden dieses Landes nicht wieder betreten.

Als ich dieses mal Australien verließ, war ich nicht traurig, sondern erleichtert. In Deutschland kann ich wenigstens im Büro arbeiten, was zwar auch nicht wirklich erfüllend für mich war, dafür aber weniger anstrengend.

Gedanklich kamen immer wieder Gespräche mit Freunden hoch, die mir sagten, dass ich zu viel vom Leben erwartete und ich mich einfach mit manchen Dingen abfinden sollte.

Ich glaubte aber immer daran, dass es für jeden, der sucht und offen für neue Möglichkeiten bleibt, eine Belohnung gibt.

Letztlich machte mich die Zeit in Australien zwar auf eine Art und Weise unzufrieden, führte mich gleichzeitig aber wieder näher an das, was ich wirklich wollte.

WAS IST EIN BLOG?

Durch einen alten Freund von mir wurde ich auf ein Network Marketing Unternehmen aufmerksam gemacht. Er war fest davon überzeugt, dass das Richtige für mich sei.

Ich schaute es mir genauer an, blieb aber skeptisch. Ich könnte zwar online von überall aus arbeiten, es wäre aber dennoch nicht mein Ding. Ich würde ausschließlich das Produkt eines amerikanischen Unternehmens verkaufen, hinter dem ich nicht komplett stehen würde. Die Idee dahinter war eigentlich nicht schlecht, aber war noch immer nicht das, was ich wollte. Dadurch traf ich aber Dennis, der sehr erfolgreich im Network Marketing ist und auch einige Jahre in Australien lebte. Wir schwärmten beide von dem australischen Lifestyle und wollten ortsunabhängig Geld verdienen. Gut, er wollte es nicht mehr, er tat es schon.

Er fragte mich, warum ich keinen Blog habe.

Und ich fragte mich: Wozu? Ich schreibe gerne meine Gedanken und Ideen in mein kleines schwarzes Buch, aber mein gedankliches Chaos mit der Außenwelt teilen? Never!

Nach dem Treffen fing ich an zu recherchieren, da ich das Gefühl hatte, dass Dennis genau dasselbe vom Leben will, wie ich. So schlecht konnte seine Idee dann nicht sein. Ich fand viele tolle Blogs und geriet ins Schwärmen. Wie toll muss es bitte sein, sein komplett eigenes Ding online zu kreieren und davon dann noch leben zu können? Ich entschied mich also dazu Bloggerin zu werden.

ICH BRAUCHE EINEN FREUND

Nachdem ich inzwischen wieder einige Monate in Deutschland war, entschied ich mich dazu, mich bei einer Singlebörse anzumelden.

Ich konnte von Freunden und meiner Mutter nicht mehr hören, dass ich einen Freund bräuchte. Ich fing also irgendwann selbst an zu glauben, dass sie vielleicht Recht hatten.

Ich hatte ein paar Dates, die alle nett waren. Aber irgendwie machte es keinen Sinn, sich auf etwas einzulassen, da mein Gefühl mir eh sagte, dass ich nicht lange hier bleiben würde. Es wäre einfach nicht fair der anderen Person gegenüber. Auch mir selbst gegenüber wäre das nicht ehrlich.

Niemand sollte in einer Beziehung sein, weil es einfach normal ist und der Zug ins Beziehungsleben angeblich mit Ende zwanzig so langsam abfährt. Scheiß drauf, dann bleib ich halt Single.

Damit fiel die nächste Erwartung an mich selbst weg und es war mehr als befreiend!

ZUM ERSTEN MAL IN ASIEN

Eine gute Freundin von mir, die heute in Neuseeland lebt, fragte mich, ob ich nicht Lust auf ein Yoga Retreat in Indien hätte. Natürlich hatte ich Lust darauf! Ich plante es so ein, dass ich vor dem Retreat noch einen Monat Zeit hätte, durch Thailand zu reisen.

Ich flog also mit meiner Cousine gemeinsam nach Bangkok. Dort verbrachten wir ein paar Tage, bis wir dann nach Phuket flogen und dort noch eine Woche blieben.

Nachdem meine Cousine weg war, reiste ich noch nach Koh Samui, Koh Phangan und letztlich auch noch in den Norden Thailands, nach Chiang Mai und Pai.

In Chiang Mai fühlte ich mich auf Anhieb sehr wohl. Ich überlegte mir, dass es doch sicherlich eine interessante Erfahrung wäre, für ein paar Tage in einem Tempel zu meditieren. Ich fragte in drei verschiedenen Tempeln nach, nur sollte es zu diesem Zeitpunkt einfach nicht klappen.

In Chiang Mai feierte ich auch zum ersten mal meinen Geburtstag alleine. Es war überraschender Weise sehr angenehm. Ich schenkte mir einen Bungee-Sprung in einer der Dschungel um Chiang Mai.

Ich tat es nur, weil ich Höhenangst habe und es eine Herausforderung für mich war, mich einfach aus so einer Höhe fallen zu lassen und dem Seil – oder auch dem Leben – zu vertrauen.

In Chiang Mai blieb ich letztlich auch am längsten, da ich mich um mein indisches Visum kümmern musste und das Essen einfach überdimensional gut war.

EINE MILLION GÖTTER, KÜHE UND HIPPIES

Kurze Zeit später flog ich von Bangkok nach Mumbai. In Indien anzukommen, hatte mich so viel Kraft und Nerven gekostet, wie auf keiner anderen Reise zuvor. Mir wurde fast schon das Gefühl vermittelt, dass ich mir die Indienreise verdienen musste oder ich einfach nicht hin sollte.

In Mumbai am Flughafen angekommen, war mein Rucksack erst mal spurlos verschwunden. Nach sechs Stunden wurde das gute Teil dann endlich gefunden. Von Mumbai ging es weiter nach Goa. Am Flughafen (nur physisch!) angekommen, wollte ich zum Geldautomaten, wie ich es immer im Ausland mache. Leider Fehlanzeige – keine Geldautomaten. Als verpeilter Chaot hatte ich natürlich auch kein Cash dabei. Lief ja sonst auch immer alles reibungslos. Nur diesmal sollte es nicht so sein.

Da saß ich nun um 6 Uhr morgens in Indien, zwei Tage und zwei Nächte ohne Schlaf, nicht zurechnungsfähig und hatte keinen Plan, wie ich ein Taxi zu einem nahe liegenden Hotel bezahlen sollte. Anscheinend sah ich schon so schlimm aus, dass ein Mann mir meine Hilflosigkeit im Gesicht ablesen konnte. Er bezahlte mein Taxi bis zum Hotel und drückte mir für den Fall auch noch ein bisschen Geld in die Hand. Ich wusste nicht, wie ich ihm danken sollte. Ich war berührt von dieser unglaublichen Güte. Am Hotel angekommen, rief der Taxifahrer meinen Retter in der Not an, um ihn darüber zu informieren, dass ich es in einem Stück ins Hotel geschafft hatte.

Im Laufe des Tages passierten noch zig andere Dinge, über die ich gar nicht näher eingehen möchte. Jedenfalls war es genug, dass es für meinen ersten Nervenzusammenbruch auf Reisen reichte. Aber glücklicherweise war da wieder jemand, der mir zur Seite stand und mir gut zuredete. Diesmal war es ein indischer Polizist, der sich als Hobbypsychologe echt gut machte.

Es gibt Reisen, die einfach etwas mit einem anstellen. Verändern. Sensibler machen und besser irgendwie. Man kriegt für einen ganz kurzen Augenblick das Gefühl, den Sinn verstanden zu haben. Was natürlich völliger Quatsch ist, aber das Gefühl reicht in diesem Moment schon aus. Und ich hatte noch nicht einmal das Yoga Retreat hinter mir.

Am Abend ging es dann mit Kerstin, einer guten

Freundin von mir, ins Retreat.

Sie hatte komischerweise auch Probleme in Indien anzukommen. Durch die Komplikationen kam sie zwölf Stunden später an, als geplant.

Was das Yoga Retreat anging, hatte ich ehrlich gesagt keinen Plan, was mich da so wirklich erwarten würde. Ich wusste, dass die ganze Anlage wunderschön sein wird und dass es zweimal am Tag Yoga-Klassen gibt.

Yoga machte ich zu dem Zeitpunkt zwar schon eine Weile, doch bin ich bisher immer bei Bikram oder Vinyassa Yoga geblieben, welche in eine eher sportliche und fließende Richtung gehen.

Der Morgen startete mit zwei Stunden Elemental Yoga, was eher dynamisch ist und dadurch ein guter energievoller Start in den Tag.

Am späten Nachmittag gab es zwei Stunden Yin Yoga, welches eine sanftere Art des Yoga ist.

Zu Beginn langweilte mich Yin Yoga schon ein wenig, da ich an meditative Yoga-Formen nicht gewöhnt war. Aber nach drei Tagen merkte ich, dass sich etwas in mir tut. Ich fing an zu weinen. Und ich war nicht die Einzige.

Eine Teilnehmerin hatte in ihrer Vergangenheit etwas erlebt, was sehr schmerzhaft und tragisch für sie war. Sie hatte es nie so wirklich verarbeiten können, da sie es immer in den Hintergrund schob. Während einer Yin-Yoga-Stunde, fing sie an zu weinen, da die alten Emotionen hochkamen und endlich aus ihrem Leben verschwinden sollten.

Ich denke, dass alle Teilnehmer etwas für sich mitnehmen konnten.

Selbst das Mandala Resort, in dem das Retreat stattfand, war einfach ein magischer Ort für sich. Inspirierend, erholsam, in direkter Strandnähe, tolle Mitarbeiter und freiwillige Helfer und dazu noch überirdisch gutes vegetarisches Essen.

Ein Yoga Retreat bedeutet, den Alltag mal komplett hinter sich zu lassen, tief durchzuatmen, der Natur nah sein, sich bewegen, loslassen und entspannen. Die Zeit lässt das Bewusstsein und die Sinne auftanken und erneuern.

Habe ich in den zehn Tagen in Indien Erleuchtung gefunden? Natürlich nicht. Dennoch ist mir ein Licht aufgegangen. Und das ist auch schon viel wert. Ich kam sensibler denn je zurück. Ich war mehr bei mir. Alles war so laut, stressig und schnell in der Außenwelt. Es war gut, denn ich habe über mein Leben nachgedacht, was noch falsch läuft und verbessert oder verändert werden kann.

ICH ZIEH NACH BERLIN

Es war Sommer 2014, ich hatte genug Erspartes, um ein paar Monate über die Runden zu kommen, bastelte jeden Tag an meinem Blog herum und ich hatte einfach Lust auf diese verrückte Stadt. Sie ist offener, günstiger und aufregender als alle anderen deutschen Großstädte. Gedanklich plante ich schon für immer da zu bleiben, bevor ich überhaupt dort ankam.

Ich machte mir ein Zimmer in Schöneberg klar, dass für zwei Monate verfügbar war. Perfekt, um zu sehen, ob ich einen Job finde oder mein Blog erfolgreicher wird und mehr Anfragen reinkommen.

Ich fuhr also mit einem großen Koffer nach Berlin und wurde direkt nach meiner Ankunft positiv überrascht. Meine Mitbewohnerin, von der ich nicht mehr als ihren Namen wusste, , wurde innerhalb von Sekunden zu einer meiner besten Freundinnen.

Manchmal weiß man es einfach sofort, wenn zwei Menschen auf derselben Welle schwimmen oder die Energien einfach stimmen. So war es mit Melina.

Mein Zimmer war auch top und hatte sogar einen Balkon mit Ausblick ins Grüne. Ich konnte mich nicht beschweren. Berlin meinte es anscheinend gut mit mir.

Ich verbrachte viel Zeit arbeitend an meinem Blog, mit Melina oder Vicky, auch eine gute Freundin von mir. Zwischenzeitlich schaute ich mich schon nach anderen Zimmern um, da ich dieses nach zwei Monaten verlassen müsste.

Ich wurde auch schnell fündig. In Kreuzkölln fand ich ich eine wunderschöne Altbauwohnung, die auch mal wieder zur Zwischenmiete zur Verfügung stand. Sie wurde zu dem Zeitpunkt von einer Französin bewohnt, die als Tänzerin für einige Monate nach Italien sollte.

Im August fuhr ich für ein paar Tage ins Ruhrgebiet, da mein Vater Geburtstag hatte. Im Bus schaute ich mich aus Langeweile bei Facebook um. Das Übliche halt. Dabei entdeckte ich, dass Sebastian von Off The Path, ein sehr erfolgreicher deutscher Blogger, eine Praktikantenstelle frei hatte. Ein Praktikum als Reisebloggerin, bei dem es im September direkt mal für fünf Tage nach Thailand gehen würde. Ich würde dort in die Welt des Muay Thai eintauchen und täglich mit anderen Bloggern aus der ganzen Welt trainiert werden. Nicht schlecht.

Ich schrieb ihn einfach an, ohne großartig drüber nachzudenken. Ein paar Minuten später hatte ich schon eine Antwort von ihm. Wir verblieben dabei, dass wir in ein paar Tagen telefonieren würden. Ich muss schon gestehen, dass ich etwas aufgeregt war. Ein paar Wochen später trafen wir uns dann in Berlin, um alles zu besprechen und kurz darauf flog ich auch schon nach Bangkok.

EIN HALBES JAHR SPÄTER

Ich sitze gerade im Taxi, in Richtung Flughafen in Bangkok und lasse die letzten Monate Revue passieren.

In ein paar Stunden geht mein Flieger ins kalte Deutschland, was mich nach fünf Monaten eigentlich freuen sollte. Tut es aber nicht. Leider. Ich habe gerade Angst vor der Kälte und dem Grau.

Vieles ist in den letzten Monaten passiert. Mit einigem habe ich gerechnet, mit anderem eher nicht.

Ich fühle mich anders als im September, als ich am Berliner Flughafen saß und dachte, dass ich nach 5 Tagen wieder zurück sei. Verabschiedet hatte ich mich natürlich von niemandem, bis auf meiner Ex-Mitbewohnerin und Freundin Melina. Ich hatte ja keine Ahnung, auf welche Ideen ich mal wieder kommen würde.

Mitte September ging also mein Flug von Berlin über Istanbul nach Bangkok.

In Bangkok angekommen, musste ich mich erst mal für mein immer sehr geschmackvolles Reiseoutfit schämen. Wenn eine Reise länger als 8 Stunden ist, ziehe ich immer das bequemste an, was ich finden kann. Schön ist es dann selten. Dafür kann ich in den Klamotten total verrenkt auf einem Sitz schlafen. Das soll mal jemand in unbequemer und schicker Kleidung hinkriegen. Im Großen und Ganzen würde ich behaupten, dass ich wie ein Penner aussah.

Da war ich dann im Ankunftsbereich und wurde von zwei Kameramännern, einem Fahrer und einer Assistentin empfangen.

Noch am Flughafen wurde ein Video gedreht und auch Fotos gemacht. Schöne Scheiße.

Nachdem ich fünf Tage lang auf der Pressereise so tun durfte, als ob ich verdammt wichtig wäre und in die Welt Bangkoks eintauchen durfte, hatte ich wieder Blut geleckt und mich dazu entschieden die Reise etwas zu verlängern. Ich fuhr am vorletzten Tag der Pressereise also in die Stadt, um bei der Airline meinen Flug umzubuchen. Allzu lang wollte ich auch nicht bleiben, nur für eine Woche noch in den Süden Thailands um einfach nur Urlaub zu machen.

Es sind gerade ein paar Minuten seit der Umbuchung vergangen, da bekam ich eine Nachricht aus Berlin, dass ich die geplante Wohnung nicht für die nächsten Wochen mieten kann. Das heißt, ich hätte mich in Berlin erst mal um eine neue Bleibe kümmern müssen.

Also war das Umbuchen schon mal keine schlechte Idee! Ich konnte länger in der Sonne bleiben und musste auch keine Miete in Berlin zahlen.

Am nächsten Morgen ging es mit dem Zug zum Flughafen, um nach Krabi zu fliegen. Im wunderschönen Süden angekommen, nistete ich mich in einem Hostel ein, das einen sehr interessanten Besitzer hatte. Edmund, Anfang dreißig, ursprünglich aus den USA, erfolgreicher Entrepreneur und Ex-Rockstar. Edmund träumte immer davon, Teil einer erfolgreichen Rockband zu sein. Das war er dann auch. Er lebte den Traum von Millionen Menschen, tourte durch die ganzen USA, hatte Groupies und auch den ganzen Rest, der das Leben eines Rockstars bestimmt. Nur war er einfach nicht glücklich. Erfolg bedeutet nämlich nicht immer Zufriedenheit. Und gerade so ein Weg, oftmals auch keine Freiheit und Selbstbestimmung. Er verlor sein ganzes Geld, wurde immer unglücklicher und verließ letzten Endes die Band. Er zog nach Deutschland zu seinem Bruder und lernte fürs Leben. Mit einem neuen Fokus und viel mehr Disziplin, machte er sich erst mal auf Reisen durch Asien und blieb dann für längere Zeit in China hängen, wo er ein Textilbusiness aufbaute. Er schaffte es nach einer Weile, fast alles outzusourcen und zog nach Thailand. Er eröffnete dort sein erstes Hostel und managt seine anderen Firmen online. Er schreibt auch darüber und gibt online Workshops, wie man sich mit dem richtigen Mindset selbstständig macht und in der Textilindustrie Fuß fasst.

Sich mit solchen Menschen zu unterhalten, kann verdammt inspirierend sein und so einige Begrenzungen im Kopf beseitigen.

In der Zwischenzeit entschied ich mich dazu meinen Rückflug nach Berlin verfallen zu lassen und von Kuala Lumpur nach Australien zu fliegen, da die Flüge verdammt preiswert waren. Jedoch wurde mein Visum erst 15 Minuten nach Abflug genehmigt. Somit durfte ich erst gar nicht den Flieger betreten. Da ich ja daran glaube, dass nichts ohne Grund passiert, war's schon irgendwie scheiße, aber nicht tragisch. Ändern konnte ich daran ja eh nichts mehr.

GO WITH THE FLOW

Ich verbrachte also noch ein paar Tage in Kuala Lumpur und lernte in meinem Zimmer sogar einen verdammt netten Reiseblogger aus Berlin kennen, dessen Blog ich auch kannte. Mit ihm verbrachte ich dann die nächsten zwei Tage, bevor ich weiter nach Penang ziehen wollte.

Im Bus in Richtung Penang bin ich eingeschlafen und etwas zu spät wieder aufgewacht, als wir schon längst

Penang hinter uns gelassen hatten.

Ich bin in irgendeinem Dorf in Malaysia ausgestiegen. Aber immerhin war dort ein kleiner Busbahnhof. Ein Mann schaute mich an und schrie „Langkawi?“ Klar, warum nicht? Hatte ich eigentlich nicht vor, aber warum nicht mal Langkawi abchecken. Komischerweise war ich aber die Einzige in dem Bus, die nach Langkawi wollte.

Da saß ich zum Schluss alleine im Bus, nachdem alle anderen schon woanders ausgestiegen waren und wartete auf meine Endstation. Irgendwann war ich dann auch da, nur fuhr keine Fähre mehr an diesem Tag.

Und wieder war ich in einem kleinen Ort, ohne Touristen, was ich eigentlich ganz cool finde, nur brauchte ich einen Geldautomaten, der meine EC-Karte akzeptiert und einen Schlafplatz. Damit fingen dann ein paar Problemchen an, die sich alle erst am nächsten Tag lösen ließen.

Zum Glück ging es dann nach Langkawi, wo es aber zu dem Zeitpunkt jeden Tag nur regnete. Ich nutzte die Zeit, um jeden Tag viele Stunden zu arbeiten. Leider habe ich nicht wirklich etwas von der Insel gesehen, dafür aber verdammt viel gearbeitet, was sich letztlich für mich ausgezahlt hat.

Nachdem ich dann ein paar Tage auf Langkawi verbracht hatte, ging es mit der Fähre zurück nach Thailand. Nach einer etwas längeren Fahrt in einem pinkfarbenen VIP-Bus mit riesigen „Hello Kitties“ auf der Frontarmatur, thailändischer Technomusik und jeweils zwei Sitzen für drei Personen, kam ich endlich wieder in Krabi an. Im Hostel erzählte mir ein Reisender von seiner zehntägigen Meditation und machte mich neugierig darauf. Ich beschloss, es in den nächsten Wochen für mich auszuprobieren, ohne mir wirklich bewusst zu sein, was ich da tun würde.

Anfang November ging es dann hoch in meine thailändische Lieblingsstadt Chiang Mai, um dort das Laternenfestival zu feiern und eine Freundin zu treffen, die ich seit einer halben Ewigkeit nicht gesehen hatte. Da Chiang Mai die Hochburg für digitale Nomaden ist, lernte ich viele tolle Blogger, aber auch Designer, Schriftsteller, Programmierer, Verleger und Social Media Manager aus der ganzen Welt kennen.

ICH BIN NICHT MEIN VERSTAND

In Chiang Mai war's dann endlich soweit. Sechs Tage lang meditieren, in einer der bekanntesten Meditationscenter Thailands.

Als ich mich dazu entschied, an der Vipassana Meditation teilzunehmen, hatte ich mir gedacht, dass es eine interessante, aber nicht allzu schwere Erfahrung sein könnte. Ich wusste, dass es hart werden würde, ab 11 Uhr nichts mehr zu essen und sehr früh aus dem Bett zu müssen. Aber den Rest habe ich mir tatsächlich eher angenehm vorgestellt. Viel Ruhe, in der Natur sein und nichts tun, außer meinen Gedanken zu lauschen. Irgendwie wie Urlaub, nur mit viel sitzen. Gut, dass ich absolut keine Ahnung davon hatte, wie hart so etwas sein kann.

Hier ein kleiner Überblick, über meine Gedanken und mein Wohlbefinden während der knappen Woche:

Tag 1: Warum tue ich das? Habe ich einen Vollschaden? Was soll mir das bitte bringen? Nach 11.00 Uhr nichts mehr essen? „Halloooo??? Ich brauche meine Süßigkeiten doch wie die Luft zum Atmen."

Tag 2: Ich fühle mich schwach und extrem gealtert. Bin ich dieser Erfahrung gewachsen? Ich habe es vollkommen unterschätzt. Ich bin angespannt anstatt entspannt. Meine Gedanken wollen einfach nicht aufhören. Es ist laut, sehr laut sogar! Meine Birne ist kurz davor zu explodieren. Zusätzlich komme ich mir vor wie in einer Sekte oder Irrenanstalt. Alle laufen weiß gekleidet rum, verhalten sich merkwürdig und schweigen sich an.

Tag 3: Ich fühle mich morgens top! Frisch, klar und ausgeruht. Wow...ich habe das schlimmste überstanden. Abends fange ich wieder an zu verzweifeln und kriege schlechte Laune. Um 18.00 Uhr bin ich schon so müde, dass ich während der Meditation einschlafe.
Der Rücken schmerzt und meine Gedanken auch! Hallo Kopfschmerzen – Goodbye Energy!

Tag 4: Die Gedanken werden weniger. Mein Rücken schmerzt aber dafür umso mehr. Ich mache heimlich in meinem Zimmer Yoga, um die Schmerzen loszuwerden. Das Meditieren ist keine Qual mehr. Es gibt inzwischen Momente, in denen ich es richtig genießen kann.

Tag 5: Ich fühle mich gut. Leicht irgendwie. Meditieren fällt mir immer leichter. Mein Körper wird ganz leicht. Ich spüre ihn kaum noch. Ein unglaubliches Glücksgefühl kommt in mir auf. Ich realisiere allmählich, was da eigentlich passiert und was wirkliche Freiheit bedeutet. Um dahin zu kommen, müsste ich sehr viel länger dort bleiben. Dennoch gut zu wissen, dass es gute, aber schmerzhafte Methoden gibt, die einen dahin führen können.

Tag 6: Mir geht's besser und besser. Vielleicht, weil es meine letzten Stunden dort sind und ich mich auf die „Realität" freue. Ich nutze die paar letzten Stunden noch sinnvoll und entspannt, bevor es mit dem Tuk Tuk zurück in die Stadt geht.

Okay, da war ich nun zurück in der normalen Welt! Irgendwie freute ich mich nicht. Wo ist das Glücksgefühl, von dem so viele erzählt haben? Ich fühlte mich komisch. Meine Stimmung war irgendwo zwischen „das ist mir alles zu viel, ich will zurück" und „boah...gleich gibt's Müsli und 'nen Coconut Latte".

Ab dem nächsten Morgen habe ich mich aber wie high gefühlt, was eine ganze Weile anhielt. Ich war langsamer, aber konzentrierter und fühlte mich dabei, als ob ich schweben würde. Alles war intensiver irgendwie. Ganz schwer zu beschreiben dieses Gefühl.

Mein Fazit:

Meine unschönsten Seiten kamen während dieser Woche zum Vorschein. Ich urteile normalerweise nicht über Menschen – jedenfalls meine ich das. In der Zeit hab' ich mich des öfteren dabei erwischt, als ich dachte „Boah, muss die jetzt echt vorm Essen erst ne Stunde beten?", „Was guckt der Typ mich so scheiße an?", „Alter..kannste die Tür auch leise schließen" und zig andere vollkommen schwachsinnige Gedanken.

Alles Dinge, die mich sonst nicht die Bohne interessieren würden und mich auch nicht aus der Ruhe bringen könnten. Es war aber einfach eine Extremsituation! Ich hatte Hunger, war müde und sauer über meine ständigen Gedanken. Dadurch, dass Reden und alles andere außer Sitzen und den Gedanken zu horchen untersagt war, staut sich alles innerlich an und kann nicht rausgelassen werden. Es auszusitzen ist die einzige Möglichkeit, die ich hatte! Also keine wirklich angenehme.

Mir kam die ganze Sache so vor, als ob mein Verstand im Gefängnis sitzt und sich versucht auf schmerzhafte Art und Weise zu befreien.

Oder was es noch eher auf den Punkt trifft: Dein Geist wird ohne Betäubung operiert und du bekommst die Schmerzen ganz bewusst mit. Der Parasit, der dir die ganze Zeit schlecht zuredet wird entfernt!

Du weißt, dass du nicht deine Gedanken bist! Geht ja auch gar nicht, sonst würdest du deine Gedanken ja gar nicht bemerken. Es ist eine sehr mächtige Einsicht, das zu wissen. Denn DU kannst das Gefasel lenken!

Ansonsten könntest du dich über deine Gedanken gar nicht freuen oder aufregen.

Du kannst deine Gedanken ja beobachten und teils auch lenken.

Schon daran erkennst du, dass du viel, viel mehr bist, als nur die Stimme in deinem Kopf. Und es ist mehr als fantastisch, das zu begreifen. Du stehst weit über deinen Gedanken. Du bist viel mächtiger , als du es für möglich hältst.

Eine wichtige Sache, die ich während der paar Tage für mich gelernt habe ist, dass ich den richtigen Weg eingeschlagen hab‘ und dass ich weitergehen sollte und sogar viel mehr dafür tun sollte. Ich weiß nicht wohin mich dieser Weg führen wird. Ich weiß aber, dass es noch großartig werden wird!

Ich habe mir vorgenommen, so eine mehrtägige Meditation jedes Jahr zu wiederholen.

WIEDER ON TOUR

Im Dezember ging es nach Vietnam, um dort mit einem Blogger aus Nürnberg für zwei Wochen durch das Land zu reisen. Wir verbrachten Weihnachten in Vietnam, bevor wir zwei Tage vor Silvester gemeinsam nach Thailand flogen.

Während der Zeit ist einer meiner Artikel viral gegangen und mein Blog erhielt plötzlich so viel Aufmerksamkeit, das es fast erschreckend war. Mir wurde aber zu dieser Zeit klar, dass „Modern Hippie" nie nur ein Reiseblog war und es niemals sein würde. Es ging um mehr. Es ging darum, Menschen zu helfen und mir irgendwie auch.

Nach der mehrwöchigen Reise und zu viel Alkohol, habe ich mich auf Koh Phangan für fünf Tage in einem Yoga Retreat eingenistet um wieder etwas zur Ruhe zu kommen.

Danach flog ich wieder zurück nach Chiang Mai, was sich fast schon so anfühlte, als ob ich zurück in mein asiatisches Zuhause fliegen würde. Dort verbrachte ich noch eine Woche mit Carina, die auch Bloggerin ist und einige Wochen vorher einfach neben mir stand und seit dem ein Teil meines Lebens ist. In Chiang Mai entschloss ich mich dazu, Anfang Februar nach Deutschland zu fliegen, da meine Mutter und mein Großvater ihren runden Geburtstag feiern würden.

Für meine letzten Tage in Thailand, reiste ich nach Koh Lanta, meine momentane Lieblingsinsel.

Im Paradies angekommen, machte ich nichts anderes, als in der Hängematte zu liegen, am Strand liegen, auf der Luftmatratze liegen und Nachts im Bungalow liegen. Ja, eigentlich bestanden die fünf Tage nur aus liegen. Es tat so unglaublich gut, rein gar nichts zu tun.

Entspannt, aber mit hohem Fieber verließ ich die Insel um nach Bangkok zu reisen. Mit dem Taxi ging es dann ausnahmsweise mal frühzeitig zum Flughafen und hiermit sollte die Story eigentlich enden. Tut sie aber nicht.

HALLO CHAOS!

Ich kam am Flughafen an, checkte ein und chillte mich dann noch in ein Café, da ich ja noch Zeit hatte. Irgendwann machte ich mich dann auf durch den Sicherheitscheck und zur Passkontrolle. Vor der Passkontrolle herrschte das absolute Chaos. Nach einer Stunde Warten, wurde ich etwas unruhig, da in ein paar Minuten das Boarding begann. Zum Glück war neben mir ein Mann, der den selben Flug nehmen musste und hinter uns noch ein Pärchen, die auch nach Frankfurt flogen. Nach 15 Minuten war ich dann endlich dran. Mental rannte ich schon wie eine Irre zum Flieger.

„You overstayed" sagte der Thailänder mit meinem Pass in der Hand. Reumütig gestand ich, dass ich für die letzten Tage nicht mehr ausreisen wollte, um das Visum zu verlängern. Und eine staatliche Einrichtung, bei der ich es hätte auch verlängern können, gab es auf Koh Lanta nicht. Ich sollte also eine Strafe in Cash zahlen. Leider hatte ich keine thailändischen Baht mehr und bat darum, es über die Kreditkarte zu zahlen. Ich wurde dann dort von einem Polizisten abgeholt, der mich zu einem Schalter führte. Ich fragte dann wieder, ob ich mit meiner Kreditkarte zahlen könnte. Die thailändische Dame am Schalter führte daraufhin ein paar Telefonate, bis sie mir den Hörer reichte und die Person am anderen Ende sagte:

„Miss Chudak, I am sorry but we can't take you on this flight." Ich fing an zu betteln und fragte, ob es noch eine Lösung gab. Es war aber einfach zu spät. Mein Gepäck wurde in diesem Moment auch schon ausgeladen. Da stand ich da nun illegal in Thailand, ohne Rückflug nach Deutschland!

Ich verbrachte letztlich noch weitere 13 Stunden am Flughafen, bis ich meinen neu gebuchten Flug über Wien nach Düsseldorf antrat. Die Strafe zahlte ich in Cash, wie es verlangt wurde, und hoffte einfach, dass nun alles reibungslos verläuft. Das tat es zum Glück.

VERTRAUEN IST DER SCHLÜSSEL ZU EINEM NEUEN LEBEN

Jede Reise verändert. Eigentlich habe ich diese Aussage satt, denn jeder, der sich schon auf eine längere Reise begeben hat, weiß es. Trotzdem ist es für mich jedes mal aufs Neue mehr als erstaunlich, was sich für einen persönlich alles so tun kann und als welche Person man heim kommt.

Ich bin losgezogen und fühle mich als ob ich gesprungen wäre. Ein Absprung ohne Seil und auch ohne Landung. Ich fühle mich, als ob ich fliege. Ich bin high vom Leben.

Ich habe in den letzten Monaten gelernt, dem Leben zu vertrauen und mich einfach treiben zu lassen.

Durch meine neue Einstellung haben sich viele Dinge, wie durch wundersame Weise gefügt. Ich habe Dinge einfach passieren lassen und auf mein Bauchgefühl gehört.

Dadurch habe ich die richtigen Menschen in mein Leben gezogen. Finanziell haben sich auch Wunder ereignet. Zum richtigen Zeitpunkt kamen genug Anfragen rein, so dass ich einfach in Thailand bleiben konnte, auch wenn es manchmal verdammt eng wurde. Ich wusste, dass es irgendwie wird. Und so war es dann auch.

UND SCHON WIEDER: BACK IN GOOD OLD GERMANY

Während ich wieder in Deutschland war, ereignete sich der schreckliche Flugzeugabsturz der German Wings. Nichts anderes konnte man über mehrere Wochen hören. Und anstatt, dass sich die Medien bei der Tragödie nur auf das Wesentliche konzentrieren, wurde das Thema auf widerlichste Art und Weise ausgeschlachtet. In dieser Zeit wurde wieder ganz offensichtlich, wie unmenschlich und manipulativ die meisten Mainstream Medien vorgehen.

Der Input kam von allen Seiten und beeinflusste jeden auf gewisse Art und Weise.

Ich wollte genau in der Zeit einen Flug nach Bali buchen und merkte, dass ich zögerte. Jeden Tag verschob ich es auf den nächsten Tag.

Ich hatte tatsächlich Angst zu fliegen, obwohl ich mir vollkommen bewusst darüber war, wie sicher das Fliegen eigentlich ist.

Mir wurde in dem Moment bewusst, wie giftig es für das eigene Wohlbefinden sein kann, andere Menschen oder Ereignisse über die eigenen Emotionen herrschen zu lassen.

Du bist frei, sobald du dich bewusst dazu entscheidest, andere Personen oder Ereignisse nicht über deine Emotionen herrschen zu lassen.

Nach einer Woche buchte ich dann einen Flug, der schon ein paar Tage später los ging. Während des Fluges war ich angespannt und wurde bei Turbulenzen nervös. Ich war echt überrascht, wie sehr ich mich durch die Medien hab beeinflussen lassen.

HALLO BALI

Ich blieb ganze sieben Wochen auf der traumhaft schönen indonesischen Insel. Bali ist unbeschreiblich schön und hat alles zu bieten, was ich mag.

Die Natur ist der absolute Hammer, das Klima ist angenehm warm, die Menschen sind herzlich, das Essen ist verdammt gut und es gibt Yoga an jeder Ecke. Bali schien perfekt für mich zu sein.

Doch musste ich mir etwas eingestehen.

Seitdem ich auf Bali war, schweiften meine Gedanken die ganze Zeit ab.

Ich war mental die meiste Zeit in Thailand. Irgendwie hatte ich das Gefühl, dass ich gar nicht in Bali angekommen war.

Ich dachte, dass ich einfach ein paar Tage bräuchte um anzukommen. Dann wurden aus Tagen Wochen. Und letztlich wusste ich, dass ich zurück nach Thailand sollte. Obwohl die Zeit auf Bali echt sehr schön war und ich zu schätzen wusste, was diese Insel zu bieten hat, war es an der Zeit zu gehen.

Die Balinesen sind noch viel herzlicher als die Thais und haben eine unglaublich warme und sanfte Art und Weise, mit Menschen umzugehen.

Die ganze Insel wirkt so unglaublich friedlich und einfach nur gut.

Ich weiß jedenfalls, dass es für mich irgendwann nochmal nach Bali gehen wird. Aber in dem Augenblick war es

Zeit für Thailand.

SCHON WIEDER NACH THAILAND?

Mein letzter Thailandaufenthalt wurde einfach zu abrupt und unschön beendet. Ich hatte das Gefühl, dass ich noch nicht hätte gehen sollen. Es fühlte sich einfach unerledigt an.

Ich flog damals mit hohem Fieber zurück nach Deutschland, nachdem ich vorher bereits drei Flüge von Bangkok verfallen ließ. Zwei bewusst und der dritte aus persönlich chaotischen Gründen.

Ich wurde einfach das Gefühl nicht los, dass dort irgendwas auf mich wartete. Ich wusste nicht, was es ist, aber das Gefühl war verdammt stark und ließ mich nicht los.

Schon irre, da viele meiner Freunde und auch ich dachten, dass ich von dort aus sicherlich nach Australien fliegen werde. Es ist fast schon ein (etwas größerer) Katzensprung von Bali in den Norden Australiens zu fliegen.

Es sollte aber nicht Australien sein, sondern das schön verrückte Thailand, mit dem besten Essen, dem hinterhältigsten Bier, Massagen, die einen demolieren können, Tuk Tuks und Mango Sticky Rice.

Manchmal muss man einfach seinem Gefühl folgen und schauen, wohin einen die Reise so führt.

Überraschenderweise wurde ich ohne Komplikationen, Fragen und Rückflugticket ins Land gelassen. Nach meinem letzten Abgang in Thailand hätte ich fast schon damit gerechnet, dass ich auf der „Black List“ stehe und für eine Weile nicht nach Thailand einreisen darf. Aber hey, da war ich wieder und freute mich wie blöd darüber.

ZURÜCK IN THAILAND

Da war ich also tatsächlich wieder in Thailand. Da ich meinem Unterbewusstsein vertraue, sollte es einen Grund dafür geben, warum ich wieder dorthin zurück gezogen wurde.

Nicht umsonst ist mir in den letzten Wochen auf Bali immer wieder Nipa in meinen Gedanken erschienen. Nipa ist die Heilerin, die ich zuvor auf Koh Phangan besucht hatte, die mir mitteilte, dass mein altes Ich schon vor einigen Jahren gestorben sei.

Leider lebt sie inzwischen nicht mehr auf der schönen Insel, sondern im Süden Thailands an der Grenze zu Malaysia.

Hat Yai ist keine besonders schöne Stadt, die fast ausschließlich Touristen aus Malaysia anzieht, aber sicherlich für jeden interessant, der das echte Thailand mal sehen möchte.

In dieser Nacht träumte ich unglaublich schlecht und hatte irgendwie ein ungutes Gefühl. Wobei ich dabei manchmal nicht zwischen Angst, die einen manchmal von wichtigen Schritten abhalten kann, und dem Instinkt unterscheiden konnte.

Vielleicht sollte ich da gar nicht hin. Vielleicht ist es aber verdammt wichtig für mich und würde so einiges für mich verändern.

Ich war mir unsicher, was ich da gerade tue und was mich dort erwarten würde. Es war aber zu spät. Ich war inzwischen schon auf dem Weg dahin und würde jetzt auch keinen Rückzieher mehr machen. Aus vergangenen Erfahrungen wusste ich auch, dass es sich so gut wie immer auszahlt, Dinge zu tun, die einem Angst machen oder einfach nur unangenehm sind.

In Hat Yai angekommen, checkte ich im Hostel ein und schaute mich dann noch ein wenig in der Stadt um. Meine ersten Gedanken drehten sich nur darum, wie ich es hier mehrere Tage aushalten soll. Aber nun gut, wenn's gar nicht gehen sollte, würde ich einfach wieder nach einem Tag abhauen.

Am späten Nachmittag holte mich Nipa mit dem Roller in der Stadt ab.

Wir fuhren zu ihr, unterhielten uns ein wenig und kurze Zeit später legte sie auch schon los.

Da lag ich wieder und sie scannte mich regelrecht. Sie wusste, dass mein Immunsystem in den letzten Monaten sehr gelitten hat.

Sie überprüfte, wo gerade Ungleichgewicht vorhanden war und warum.

Was da gerade passierte, konnte ich in diesem Moment nicht spüren, da ich von der langen Zugfahrt einfach noch zu müde war.

Am nächsten Tag ging es mir ähnlich. Ich schlief während unserer Sitzung ein und war einfach nur fix und fertig danach. Vor und nach meiner Sitzung schaute ich mir die Stadt etwas genauer an und sie begann mir langsam zu gefallen. Die Managerin des Hostels brachte selbstgemachtes thailändisches Essen für mich mit und wir unterhielten uns eine Weile. Der Vorteil am Reisen ist, dass man neue Orte recht schnell zu seinem zu Hause macht. Man hat manchmal nicht so viel Zeit die Orte und Menschen kennenzulernen, was einen offener werden lässt.

Am nächsten morgen setzte ich mich noch schnell an einen Gastartikel, den ich einer Bloggerin schon seit Wochen versprochen hatte.

In diesem Artikel ging es darum, wie ich dem Hamsterrad durch das Reisen entfliehen konnte und letztendlich mein Geld über den Blog verdiene.

Als ich diesen Artikel schrieb, realisierte ich wieder, warum ich diesen Weg einschlug und was mein größter Ansporn zu Beginn war.

ES WAR AUSTRALIEN!

Ich hatte mir geschworen wieder zurückzukehren, sobald ich in der Lage bin, mich dort über Wasser zu halten, ohne einen richtigen Job dort annehmen zu müssen. Die Visabestimmungen waren dafür einfach zu hart und Lust hatte ich nicht wirklich wieder einen normalen Job anzunehmen.

Ich malte mir damals schon meine Selbstständigkeit perfekt aus. Wie ich schon vorher erwähnte: mit meinem Laptop in einem netten Café. Was es werden würde, wusste ich nicht. Aber ich würde es herausfinden und den richtigen Weg einschlagen.

Zu dem Punkt war es aber erstmal an der Zeit das Land zu verlassen. Das Ziel wurde die ganze Zeit über verfolgt. Mal bewusst, mal unbewusst.

Komisch, dass mir die Gedanken gerade in diesem Moment kamen, da ich nur eine Stunde vorher meinen Trip zu einer der tollen thailändischen Inseln plante und mich auch schon darauf freute.

Ich checkte einfach mal in welchem Preisbereich die Flugpreise von Kuala Lumpur zur Gold Coast so lagen. Und da hatte ich tatsächlich eine Auflistung von zig Flügen, die sich alle im Bereich von 400 Euro befanden und einen Flug für 75 Euro. Ich musste grinsen, als ich schon wieder einen Flug nach Australien zu so zu einem unrealistisch guten Preis sah. Gebucht hab ich ihn aber vorerst nicht. Erst musste das Visum her, damit ich nicht wieder am Flughafen stehe und nicht fliegen darf.

Ich fuhr wieder zu Nipa, die heute etwas verdammt Intensives mit mir machen würde. Jeder, der nicht offen für alternative Heilmethoden ist, sollte die nächsten Absätze überspringen.

Sie ging an diesem Tag meine komplette Vergangenheit durch, ohne mit mir zu sprechen. Ich konnte es spüren. Ich bekam ganz plötzlich Kopfschmerzen und fing an zu weinen. Einfach aus dem Nichts heraus. Ich musste die Sitzung zwischendurch sogar unterbrechen und eine kurze Pause einlegen, weil es einfach viel zu intensiv war.

Laut meines Gefühls ist in dem Moment etwas ganz Extremes passiert. Ich möchte gar nicht zu sehr auf die Details eingehen, da das alles schon persönlich genug ist, was ich hier berichte.

Sie fragte mich nur, ob ich seit Jahren einen Feind hätte, der mir sehr viel Schlechtes gewünscht hat. Richtige Feinde hab' ich nicht, hoffe ich zumindest. Da waren aber sicherlich schon Menschen in meinem Leben, die mit sich selbst so sehr im Unreinen waren, dass sie gar nichts Gutes weitergeben konnten. Sie konnte es sehen und ich es ganz intensiv spüren. Schon irre, da exakt das mein Albtraum in der Nacht, bevor ich in Hat Yai ankam, war!

Den Rest den Tages war ich einfach nur kaputt. Ich fühlte mich so, als ob ich die härteste Arbeit meines Lebens hinter mich gebracht hätte. An sich stimmte das ja auch sogar. Zurück im Hostel kam mir wieder der Gedanke nach Australien zu fliegen. Es ließ mich einfach nicht mehr los.

Ich entschied mich dazu noch eine Woche in Thailand zu verbringen und dann tatsächlich zurück nach Australien zu fliegen.

Irgendwie waren die Zeit in Thailand und auch generell die vergangenen zwölf Monate fast schon magisch. Alles, was ich mir in meinem etwas verrückten Kopf ausgemalt hatte, ging für mich auch in Erfüllung.

Dadurch änderte sich noch mehr in meinem Kopf. Ich wurde noch "unrealistischer", fing noch mehr an zu träumen, erwartete vom Leben noch mehr, legte gleichzeitig aber auch ganz viel Vertrauen in mich und das Leben.

Es sind einfach zu viele Dinge passiert und zu viele Menschen kreuzten meinen Weg, die mir das Gefühl vermittelten, dass es so sein sollte. Manchmal spürt man einfach, welche Begegnung relevant ist und welche nicht. So war die Zeit in Thailand für mich eine riesengroße Bereicherung.

Nun war ich aber dann doch fertig mit Thailand. Ich hatte plötzlich das Gefühl, die Dinge gelernt zu haben, die ich lernen sollte. Ich war bereit an den Ort zurückzukehren, in dem alles für mich anfing.

Mein erster längerer Australienaufenthalt lag genau sechs Jahre zurück. Damals habe ich an der Griffith University studiert.

Ich kann mich noch ganz genau an den Moment erinnern, als ich mit meiner damaligen Mitbewohnerin am Strand stand, auf das Meer blickte und realisierte, dass ich endlich wieder atmen kann. Die Jahre zuvor hatten mir die Luft zum Atmen genommen.

Ich habe mir damals fest versprochen, dass ich nach Australien zurückkehre, sobald ich mein Ziel erreicht habe. FREIHEIT. Genau die wollte ich finden. Ich wollte nicht wieder zurück an den Punkt, an dem ich schon so oft war und einfach nur versagte, da es mir die Luft zum Atmen nahm und ich nicht der Mensch sein durfte, der ich in Wirklichkeit bin. Ich hatte mich damals noch nicht einmal getraut, anderen von meinen Gedanken zu erzählen, da es für mich und andere unrealistisch klang. Zu sehr weichte meine Vorstellung von der Norm ab.

Insgeheim hoffte ich verdammt oft, dass sich meine Gedanken vielleicht doch noch ändern und ich dieselben Wünsche und Hoffnungen, wie die meisten anderen Menschen noch haben würde. Das passierte aber nie.

Also machte ich mich schon wieder auf den Weg nach Kuala Lumpur. Ich schlief wieder in dem selben Hostel, in dem man mich sogar wiedererkannte und wusste, dass ich vor einem halben Jahr nach Australien fliegen wollte, es aber nicht klappte. Schon wieder dieselbe Strecke und derselbe Flughafen. Sogar dieselbe Airline, derselbe Wochentag und dieselbe Uhrzeit.

Beim letzten Mal stand ich in Kuala Lumpur am Flughafen, wollte einchecken und durfte es nicht. Rückblickend gesehen war es auch das Beste, was mir passieren konnte.

Ich hatte Gänsehaut und Tränen in den Augen, als ich daran dachte, wo der Flieger in ein paar Stunden aufsetzen würde.

Es fühlte sich plötzlich wie eine Belohnung für jahrelange harte Arbeit an, auch wenn es nur ein ganz normaler Entwicklungsprozess war.

Ich hatte die letzten zwei Jahre das Gefühl, dass ich erst weiter reifen und lernen muss, bevor ich diesen magischen Boden wieder betreten würde. Es kann sein, dass mich der eine oder andere jetzt für verrückt hält, aber ich liebe dieses Land einfach.

Da bin ich nun inzwischen an dem Ort und exakt dem Café, in dem ich mir vor zwei Jahren geschworen hab', dass mein Leben eine andere Ausrichtung braucht - eine Ausrichtung mit mehr Leidenschaft und Freiheit. Nun schrieb ich die letzten Worte für die Einleitung meines ersten Buches genau dort, wo es geschrieben werden muss!

Wären der letzte Australienaufenthalt, die zig beschissenen Jobs, Momente voller Verzweiflung und Traurigkeit nicht gewesen, würdest du meine Worte jetzt höchstwahrscheinlich nicht lesen.

Ich bin in meinem Leben schon zig mal schmerzhaft gefallen und wieder aufgestanden. Es sind viele Tränen vor Schmerz und Verzweiflung geflossen. Ich hab' zum Teil wirklich bescheidene Erlebnisse hinter mich gebracht, die mir aber alle auf ihre Art und Weise geholfen und mich geformt haben. Ich habe viele Narben - innerlich, sowie äußerlich. Manchmal habe ich das Gefühl, dass ich an Erfahrungen rein gar nichts auslassen möchte.

Für mich gelten schmerzhafte Erlebnisse nicht als Ausrede für Stillstand. Für mich ist es eher ein Zeichen dafür, dass man sich selbst aufgibt und alles nur noch so akzeptiert, wie es ist. Hinnehmen ohne zu hinterfragen, wofür diese Erfahrung eigentlich gut war.

Sei dankbar dafür, falls du in deinem Leben an den Punkt kommen solltest, wo du anfängst alles zu hinterfragen und mehr zu wollen.

Genau dieser Lebensabschnitt kann dich exakt dahin führen, wo du hinmöchtest und auch hinsollst.

Ich war heute früh am Strand spazieren und fing plötzlich an zu weinen. Es fühlte sich an wie eine riesengroße Erleichterung und Glück zugleich.

Dieser Ort ist für mich so viel mehr zu Hause, als es

Deutschland jemals sein wird. Er hat mir so viel bei meiner Entwicklung geholfen und mich immer weiter vorangetrieben. Zu hause ist halt, wo das Herz hinmöchte.

Ich bin vorerst angekommen.

TOOLS

(ER)FINDE DICH NEU

In den letzten zehn Jahren ist so viel passiert, dass sich mein Leben komplett verändert hat und ich mich damit natürlich auch.

Ich bin nicht mehr derselbe Mensch, der damals im Büro und im Hörsaal saß, ständig das Leben kritisierte und aus Angst Veränderungen mied wie die Pest.

Innerliche wie äußerliche Umstände haben mich immer wieder realisieren lassen, dass man an sich arbeiten muss und sich niemals aufgeben darf – egal wie hart das Leben auch manchmal sein kann.

Als ich mich für die Veränderung entschied, habe ich gewisse Tools vermehrt ausprobiert und dann auch kontinuierlich genutzt, die mir zu einem besseren Wohlergehen verhalfen und mich zurück zu mir selbst führten. Selbst heute nutze ich noch sehr viele dieser Tools, da es mir, wie jedem anderen auch, ab und zu passiert, dass ich mich an manchen Tagen schlecht oder verloren fühle. Das vergeht dann aber ganz schnell wieder, da ich weiß, wie ich daran arbeiten kann. Und genau diese Hilfsmittel stelle ich dir hier nun vor.

- YOGA - DU BIST NICHT DEINE GEDANKEN

Ich komme gerade von einer 90 minütigen Yoga-Nidra-Klasse und fühle mich nach Monaten endlich wieder geerdet und komplett bei mir. Dieses Gefühl habe ich in letzter Zeit so sehr vermisst.

Da ich etwas länger krank war und dadurch auch irgendwie faul geworden bin, habe ich mehrere Monate kein Yoga gemacht. Wer regelmäßig Yoga macht, weiß, was das bedeutet. Ich dachte aber, dass es keinen allzu großen Unterschieden machen würde. Ein paar Monate ging's für mich also nicht auf die Matte und das Resultat war alles andere als schön.

Mein ganzer Körper fühlte sich steif an, meine Gedankenwelt veränderte sich und selbst schon längst verschwundene Ängste waren plötzlich wieder präsent. Ich war mir unsicher, ob ich für mein Leben tatsächlich den richtigen Weg eingeschlagen habe. Ich meine, was berechtigt mich schon dazu, anderen Menschen zu erzählen, was gut und was schlecht ist? Und warum sollte ausgerechnet ich jemanden zu einem erfüllteren Leben inspirieren?

Ich fand es irgendwie erschreckend, was da so plötzlich in meinem Kopf vor sich ging, aber gleichzeitig auch faszinierend, da ich wusste, dass ich durch Yoga wieder auf den richtigen Weg komme.

Heute weiß ich, was es für meinen Körper und meinen Geist bedeutet, Yoga zu praktizieren. Noch vor einigen Jahren hatte ich keine Ahnung, dass es Einfluss auf mein gesamtes Leben nehmen würde.

Mein erstes Yoga-Buch kaufte ich mir vor etwa zehn Jahren. Damals ahnte ich schon, dass es mir verdammt gut tun könnte. Doch so wirklich wusste ich nicht, was dahinter steckt. Da ich früher Ballett und Sportakrobatik gemacht habe und mich nach wie vor gerne verrenke, dachte ich, dass Yoga mein neuer „Sport" sein könnte.

Ich schaute letztlich noch ein paar mal ins Buch, ließ es dann aber wieder im Regal verschwinden.

In den nächsten Jahren gab es ein paar Yoga-Versuche in einem Fitnessstudio und in verschiedenen Yogastudios. So wirklich Gefallen daran konnte ich aber nicht finden.

Mir war aber auch nicht im Klaren, was ich da so wirklich tat.

Wieder ein paar Jahre später ging es für mich, für einen längeren Auslandsaufenthalt, nach Australien. Dort kam ich mit Bikram Yoga in Berührung.

Ich weiß, dass einige Yogis nichts von Bikram Yoga halten, dennoch war es für mich der beste Yoga-Einstieg, den ich mir nur vorstellen konnte.

Ich ging zehn Tage lang jeden Tag zur Yoga-Klasse und fing innerhalb von kürzester Zeit an zu strahlen, hatte mehr Energie, fing an, bewusster zu essen und fühlte mich so, als ob ich die ganze Welt umarmen könnte.

Nach der zehntägigen „genialen Gehirnwäsche", hatte ich Blut geleckt und fing auch mit anderen Yoga-Klassen an. Weniger sportliche, sondern mehr auf den Geist ausgerichtete, meditative Formen. Und auch diese fingen an, mir zu gefallen, denn dort kam mein Geist endlich zur Ruhe.

Während eines zehntägigen Yoga Retreats in Indien, bei dem morgens Elemental Yoga und abends Yin Yoga unterrichtet wurde, habe ich bei mir und den meisten anderen Teilnehmern extreme Veränderungen wahrnehmen können.

Einige weinten und konnten alten und sehr schweren Ballast loswerden, andere dachten darüber nach, ihr Leben von Grund auf zu verändern und sind auch aktuell dabei, neue Wege zu gehen.

Ich wurde durch die intensive Yoga-Praxis noch feinfühliger, was nicht immer einfach ist. Lärm zu ertragen, wurde immer schwieriger und falsche Entscheidungen immer offensichtlicher und spürbarer.

Yoga hatte Einzug in meinen Alltag gefunden und löste einen Dominoeffekt aus. Der erste Stein fiel und löste eine regelrechte Kettenreaktion aus.

Was hat Yoga also mit mir gemacht?

Besserer Umgang mit mir selbst

Schlechte Stimmung wurde leichter ausgelöscht, ich wurde ruhiger und fing nach und nach mehr an, auf mich zu achten. Ebenso lernte ich, Grenzen zu überwinden und dem Leben und den mir gegebenen Zeichen, einfach zu vertrauen.

Besseres und intensiveres Gefühl für Alles

Ich höre eher auf mein Bauchgefühl, anstatt alles zu verdenken. Was sich richtig anfühlt, wird in die Tat umgesetzt und alles, was mir ein schlechtes Gefühl gibt, wird sein gelassen.

Ich spüre heute viel deutlicher, was mir gut tut und was mir schadet. Alles hat sich irgendwie intensiviert. Dadurch fällt es mir auch leichter, Entscheidungen zu treffen und Dinge hinter mir zu lassen.

Toleranter Umgang mit Anderen

Aber auch für meine Mitmenschen bin ich angenehmer, seitdem ich Yoga mache.

Ich bin toleranter und geduldiger geworden. Wenn mich heute etwas an anderen stört, versuche ich meine Sichtweise und Erwartungshaltung zu ändern. Es ist nicht immer einfach, aber mit der Zeit wird es immer einfacher. Ich kann mich auch leichter in andere Menschen hineinversetzen, erwarte weniger von ihnen und weiß, wann es an der Zeit ist Menschen loszulassen.

Innere Freiheit

Yoga hat mir die Freiheit gegeben, die ich immer gesucht habe.

Ich hatte sie in meiner äußeren Umwelt gesucht und dachte sogar, dass ich sie dort gefunden hätte. Letztlich ging es aber um die Freiheit in mir, da diese das wertvollste ist, was ich in meinem Leben finden konnte.

Außerdem ist da so viel mehr Sinn und Vertrauen vorhanden, was meinem Leben eine neue Ausrichtung gegeben hat.

Heute weiß ich, dass Freiheit und Antworten auf meine Fragen nur im Inneren zu finden sind und nirgendwo anders.

Für mich, hat sich durch regelmäßige Yoga-Praxis mein Lebensstil verändert.

Ich esse bewusster und gesünder, was für mich schon eine besonders große Veränderung ist, da meine Ernährung vorher fast nur aus Fast Food und Süßigkeiten bestand.

Ich schlafe besser und früher ein. Ich war immer ein

absoluter Nachtschwärmer, da ich nachts weniger abgelenkt wurde und meine Zeit dann zum Lernen, Arbeiten, Lesen oder dergleichen nutzte.

Yoga macht zusätzlich auch flexibler - und das nicht nur körperlich.

Ich bin durch Yoga gelassener und zufriedener geworden. Durch die Atemtechnik und die Meditation, entsteht Raum im Kopf, was besser ist als jeder Urlaub! Der Geist kommt endlich mal zur Ruhe.

Der allerwichtigste Punkt, den ich durch regelmäßiges Yoga gelernt habe ist, dass wir nicht durch unsere Gedanken bestimmt werden!

Du bist nicht deine Gedanken!

– MEDITATION – SCHAFFE ORDNUNG IN DEINEM KOPF

Im November 2014 habe ich in Chiang Mai eine knappe Woche lang in einem buddhistischen Meditationscenter verbracht und ausschließlich Zeit mit mir und meinen Gedanken verbracht.

Zuvor hatte ich mir nach einer Yoga-Stunde immer die Zeit genommen, etwas zur Ruhe zu kommen, meist mit einer beruhigenden Musik, die mir dabei half, abzuschalten und meinen Kopf zu leeren. Aber richtig regelmäßig meditiert hatte ich vorher nie, obwohl ich die ganzen Vorteile der Meditation bereits kannte.

Während der Zeit im Meditationscenter wurden meine Sinne geschärft; ich konnte innere Konflikte mit mir selbst austragen und letztendlich wurde ich sogar fokussiert, was für mich nicht einfach ist.

Aber was passiert, wenn du nicht weiterhin täglich meditierst und wieder in den Alltag katapultiert wirst?

Was ist, wenn du nicht mehr den ganzen Tag nur Zeit für dich und deine Gedanken oder bestenfalls Stille hast?

Was ist, wenn der Lärm nun wieder von außen und von innen präsent ist?

Du gerätst ins Ungleichgewicht. Wenn du vorher schon nicht besonders ausgeglichen warst, wird es danach noch schlimmer. Das heißt natürlich nicht, dass es bei jedem so laufen muss. Bei mir war es aber so.

Seit dem Aufenthalt im Tempel ist viel passiert.

Die ersten Tage danach waren interessant bis grandios. Einfach nur Stille und Frieden im Kopf. Mit der Zeit wurde es für mich aber immer schwieriger, den Krach von außen zu verarbeiten.

Ich war müde und fühlte mich alt. Ich konnte mich nicht mehr konzentrieren. Ich war irgendwie angeschlagen und langsamer.

Ich würde es so beschreiben, als ob ich vor der Meditation zu etwa 60 % funktioniert habe, kurz nach der Meditation zu 90 % und später maximal 30 %.

Meditation kann wie eine Droge sein, die dich besser werden lässt. Besser in allen Bereichen deines Lebens.

Ich habe mir in den darauffolgenden Monaten leider keinen Raum für Yoga und Meditation gegeben und driftete regelmäßig völlig ab. Ich könnte mir vorstellen, dass sich ein Entzug ähnlich anfühlt. Ein Bewusstseinsentzug.

Immer wieder hört man von Menschen, dass Meditation und Yoga das ganze Leben verändern können. Dass momentan ein großer Hype um diese Themen gemacht wird, lässt sich nicht leugnen.

Vielen Menschen wird das Leben einfach zu schnell, zu hart und zu unmenschlich. Bewusstsein und Verantwortung für das eigene Leben muss her.

Warum meditieren inzwischen immer mehr Menschen?

Viele erfolgreiche Menschen tun es. Oprah Winfrey meditiert täglich, sowie Bill Ford, Angelina Jolie, Jim Carrey, Russell Brand und viele mehr. Steve Jobs hat es auch jeden Tag getan. Und die Liste wird jeden Tag länger, da immer mehr Menschen realisieren, wie wichtig es für den Geist ist.

„Wenn man einfach dasitzt und beobachtet, merkt man, wie ruhelos der Geist ist. Wenn man versucht, ihn zu beruhigen, wird es nur noch schlimmer. Mit der Zeit wird er jedoch ruhiger, und wenn dies geschieht, bleibt Raum, subtilere Dinge zu hören – das ist der Moment, in dem sich die Intuition entfaltet, man Dinge klarer sieht und mehr in der Gegenwart verhaftet ist. Der Geist arbeitet langsamer und man erkennt eine enorme Weite im Augenblick. Man sieht so viel, was man bereits hätte sehen können."
– Steve Jobs

Meditation hilft dem Geist dabei, sich zu beruhigen und zu fokussieren. Aber auch für unsere körperliche Gesundheit hat Meditation enorme Vorteile. Wir finden dadurch zu tiefer Ruhe und sind in der Lage, Körper und Geist miteinander in Einklang zu bringen.

Wie du meditierst, bleibt dir selbst überlassen. Es gibt nicht nur die klassische Schneidersitz-Variante, die die meisten Menschen mit Meditation in Verbindung bringen. Du kannst beim Yoga, Laufen, Kochen, in der Bahn oder sonst wo meditieren. Inzwischen gibt es auch schon viele Anleitungen, die dir das meditieren einfach machen. Bei Youtube gibt es viele geführte Meditationen oder die App „Headspace", die du überall nutzen kannst und die dich nach und nach in die Meditation einführt. Du kannst aber auch im Internet schauen, ob ein Meditationscenter in deiner Nähe ist und dieses besuchen.

Es gibt zig Gründe, warum auch du meditieren solltest. Hier sind fünf sehr wichtige Gründe:

Meditation befreit von Stress und fördert deine Gesundheit

Stress macht krank. Viele Krankheiten entstehen nur, weil unser Geist nicht zur Ruhe kommt. In der heutigen Zeit fällt es vielen Menschen schwer zur Ruhe zu kommen. Meditation kann dabei eine große Hilfe sein.

Forschungsergebnisse haben gezeigt, dass Meditation die Ausschüttung des Stresshormons Cortisol verringert.

Meditation macht kreativ

Jeder Mensch ist kreativ. Durch regelmäßiges Training, kann auch die Kreativität gesteigert werden, da unser Gehirn sich neuen Anforderungen anpassen kann.

Kreativitätskiller, wie Angst, mangelndes Selbstvertrauen, Negativität und übermäßiger Stress, lassen sich durch Meditation abbauen. Wenn wir dies nicht tun, und wir aus der Balance geraten und unglücklich sind, ist unser Gehirn damit beschäftigt, diese Emotionen zu verarbeiten. Dadurch ist dann unsere Kreativität lahmgelegt.

Meditation lässt das Gehirn langsamer altern

Hirnforscher haben festgestellt, dass bei Menschen, die regelmäßig meditieren, das Gehirn intern besser vernetzt bleibt und dadurch langsamer altert. Die negative Wirkung des Alterns kann verringert werden. Meditation kann uns also dabei helfen, intelligent zu bleiben und unser Gehirn jung und effizient zu halten.

Meditation hilft bei Depressionen

Dass die eigenen Gedanken Depressionen hervorrufen können, ist bekannt. Meditation kann Tabletten und Psychotherapie ersetzen, wie es inzwischen viele Forscher bestätigt haben.

Dadurch, dass der Stress abgebaut wird, ändert sich die Gemütslage, Schlafstörungen und Müdigkeit verschwinden und letztendlich ändert sich die ganze Lebensqualität.

Durch die Meditation lernst du deine eigene Gefühls- und Gedankenwelt kennen und kannst dadurch Denkmuster durchschauen. Du lernst es deine Gedanken als Besucher wahrzunehmen und kannst sie so einfach beobachten oder auch durchbrechen.

Meditation macht dich zu einem besseren Menschen

Was Meditation in uns bewirkt, ist schon überwältigend. Aber auch unser Umfeld kann davon profitieren.

Laut Forschern sind Menschen, die meditieren, mitfühlender und haben das starke Bedürfnis Gutes zu tun.

Durch Meditation bist du in der Lage, deine Gedanken und Emotionen bewusst zu steuern und dich nicht von negativen Emotionen beeinflussen zu lassen und sie auf andere zu übertragen.

Es scheint fast so, als ob Meditation eine Art „Breitbandantibiotikum“ der Neuzeit wird!

- WER BIST DU? -
VERBRINGE ZEIT ALLEIN

Für mich einer der wichtigsten Parts überhaupt! Hätte ich nicht so viel Zeit allein verbracht, hätte sich auch nichts für mich und mein Leben geändert.

Ich bin als Einzelkind groß geworden und habe viel Zeit allein verbracht. Da ich aber nicht allein sein wollte, hatte ich ab einem gewissen Punkt eine Beziehung nach der anderen. Nur irgendwie funktionierte keine davon so richtig lange, was größtenteils an mir lag. Nach meiner letzten Trennung wollte ich dann etwas anders machen.

Ich beschloss alleine zu bleiben, den Schmerz der Trennung auszusitzen und mich besser kennenzulernen. Nach einigen Jahren innerer Unzufriedenheit merkte ich, dass es so einfach nicht weitergehen kann.

Einfach war es sicherlich nicht. Ehrlich gesagt, habe ich gelitten wie ein Hund. Dafür habe ich aber unglaublich viel gelernt. Ich habe endlich gelernt alleine zu sein.

Und was noch viel wichtiger ist: ich habe gelernt auf meine innere Stimme zu hören! Wenn du immer Zeit mit anderen Menschen verbringst, ist es gar nicht so einfach in dich hineinzuhorchen und zu fühlen, was du wirklich willst. Erst wenn du alleine bist, kommen deine wahren Wünsche zum Vorschein.

Seit einigen Jahren verbringe ich sehr viel Zeit allein. Ich reise allein. Währenddessen esse ich allein. Ich schlafe allein in meinem Bett. Und ich genieße all das.

Natürlich kommt es ab und zu vor, dass ich mit jemandem reise. Das kann dann entweder eine unglaubliche Bereicherung sein oder das absolute Gegenteil davon.

Wenn ich alleine reise, lerne ich unglaublich viel über

mich selbst. Meine Stärken, Schwächen und Unsicherheiten kommen an die Oberfläche.

Ich bin noch nie unverändert von einer Reise zurückgekommen. Jede Reise macht mich stärker und zu einer besseren Person.

Lerne allein zu sein und es zu genießen

Erst wenn du in der Lage bist, mit dir selbst klarzukommen, kannst du auch für andere eine angenehme Gesellschaft und Bereicherung sein.

Es gibt viele Menschen, die nicht dazu in der Lage sind, auch nur einen Tag allein zu verbringen.

Von vielen kommt oft Langeweile als Argument, was ich aber nicht immer glauben kann, da es mehr als genug Möglichkeiten gibt, sich selbst zu beschäftigen.

Ich glaube, dass es oftmals die Gedanken sind, die viele nicht lenken können und als unangenehm empfinden.

Andere fühlen sich einfach allein. Allein zu sein oder sich allein zu fühlen sind aber zwei verschiedene Paar Schuhe.

Allein zu sein ist eine physische Beschreibung, während sich allein zu fühlen oftmals mit negativen und schmerzhaften Gefühlen in Verbindung gebracht wird.

Du kannst allein und glücklich sein oder auch allein und einsam. Es kommt darauf an, was du daraus machst bzw. wie es in dir aussieht.

Bei dem Gefühl der Einsamkeit führt der Weg meistens sehr weit in die Vergangenheit. Oftmals wird dieses Gefühl durch Verlust, Traumata, Unsicherheit, mangelndes Selbstwertgefühl oder Kummer ausgelöst.

Natürlich kommt es hierbei auch darauf an, ob du

introvertiert bist und Zeit allein genießt, da du Energie verlierst, wenn du von anderen umgeben bist, oder ob du extrovertiert bist und Energie durch andere gewinnst.

Wie du es lernen kannst, allein zu sein

Nimm dir etwas Zeit in dich hineinzuhorchen. Woher kommt dieses Gefühl? Ist es wirklich das Gefühl von Einsamkeit oder ist es etwas anderes?

Wenn ersteres zutrifft, denke darüber nach, was in deiner Vergangenheit passiert ist, warum das Alleinsein so unangenehm für dich ist.

Finde neue Hobbys für dich. Wenn du es langweilig findest allein zu sein, da du normalerweise viel Zeit dafür aufbringst andere Menschen zu unterhalten, wird es Zeit zu lernen dich selbst zu unterhalten. Experimentiere ein wenig und finde Hobbys, die dich inspirieren, deine Kreativität ankurbeln und dir einfach Spaß machen.

Deine Freundschaften zu vertiefen, ist eine der besten Möglichkeiten, dich nie allein zu fühlen. Wenn du weißt, dass deine Freunde immer für dich da sind, musst du sie nicht jeden Tag sehen oder anrufen. Du weißt und vertraust darauf, dass du wertvolle Menschen in deinem Leben hast.

Wenn dir die Decke auf den Kopf fällt, verbringe Zeit woanders als zu Hause. Gehe in ein Café und lies ein Buch, besuche ein Museum, lege dich in den Park. Mach' einfach etwas allein, was du zuvor sonst immer in Gesellschaft gemacht hast.

Nutze deine Zeit weise

Es gibt viele Dinge, die du alleine machen kannst. Vor dem Fernseher hängen und sinnlose Shows zu schauen ist eine Option. Warum aber nicht lieber etwas machen, was dich herausfordert und wobei du dich selbst besser kennenlernst?

Arbeite an deinen Träumen und sei stolz dabei sie umzusetzen. Step by step. Egal, was es auch sein mag, alleine hast du genügend Zeit daran zu arbeiten und dir Gedanken darüber zu machen, was du willst. Das Alleinsein hat so viele Vorteile.

Es ist verdammt wichtig, sich selbst kennenzulernen. Du bist die wichtigste Person in deinem Leben. Wenn du nicht Zeit mit dir alleine verbringen kannst, wie sollen es dann andere können?

Wie sollen dich andere lieben, wenn du dich selbst nicht liebst? Es ist einfach, andere zu lieben, wenn du dich selbst akzeptierst und liebst.

Alone time is when I distance myself from the voices of the world so I can hear my own.
- Oprah Winfrey

- REISEN - VERLIERE DICH, UM DICH NEU ZU FINDEN

Wäre ich damals nicht nach Australien gegangen und hätte die ganzen anderen Reisen nicht unternommen, dann wäre ich heute ein anderer Mensch. Das Reisen und der längere Auslandsaufenthalt haben mir die Möglichkeit zur Entwicklung gegeben. Diese Entwicklung wäre wahrscheinlich auch so passiert, nur hätte es viel länger gedauert.

Nichts bricht alte Gewohnheiten schneller, als einfach aufzubrechen, die Dinge hinter sich zu lassen und auf Reisen zu gehen. Ich bin fest davon überzeugt, dass jeder, der sich der Schwerkraft der Routine und des Hamsterrads widersetzt, dafür auch belohnt wird.

Aber was ist es genau, dass einen während einer Reise so verändert?

Im Hamsterrad-Alltag vergessen wir oft, wer wir wirklich sind, welche Träume wir mal hatten und was uns im Leben wirklich wichtig ist. Wir schwimmen in einem gleichmäßigen Strom, mit allen anderen. Dass wir uns selbst dabei verlieren, um nur noch zu existieren, realisieren wir kaum noch. Die Menschen, mit denen wir uns umgeben, haben ein ähnliches Leben und ähnliche Ansichten. Es gibt kaum noch etwas, was uns inspiriert oder ins Staunen versetzt.

Das Reisen ermöglicht dir, Abstand vom Alltag zu nehmen, was sonst nur schwer möglich ist.

Auf Reisen wirst du mit neuen Eindrücken regelrecht

überschüttet. Dein Weltbild verändert sich rasant. Dein Leben befindet sich wieder im Fluss und du kannst die Energie des Lebens wieder spüren.

Ständig wirst du mit neuen Dingen konfrontiert und kommst zu dem Entschluss, dass du die Dinge in deiner kleinen Welt etwas zu ernst genommen hast, während die wirklich wichtigen Dinge viel zu wenig Relevanz hatten.

Du nimmst dich selbst, und vorher vorhanden gewesene Probleme, nicht mehr ernst, wenn du die Armut in so manchen Ländern siehst. Du fängst an, dich für die kleinen Probleme zu schämen, die dir zu Hause das Leben schwer gemacht haben.

Wenn du alles hinter dir lässt, du offen bist und dich vollkommen darauf einlässt, hast du die Chance als vollkommen neuer Mensch zurückzukommen! Du wirst über dich hinaus wachsen. Grenzen, die du vorher für dich wahrgenommen hast, verschwimmen. Dein Blickwinkel ändert sich, und somit ist die Chance da, dein Leben neu zu überdenken und auch neu zu ordnen.

Durch die ganze Inspiration, die unterwegs auf dich wartet, ist die Wahrscheinlichkeit verdammt hoch, dass du dich verlierst, um dich dann wieder neu zu (er)finden!

Vielleicht wachst du auch auf und hörst auf zu existieren, legst dein ganzes Sicherheitsdenken ab und fängst an zu leben. Dadurch ändert sich dann alles für dich und vor allem in dir!

Es erfordert gewissen Mut, dem Hamsterrad und der Routine den Rücken zu kehren und seine Komfortzone zu verlassen. Sobald du es aber getan hast, gibt es kein zurück mehr in dein altes Leben!

Travel brings Power and Love back to your life.
– Rumi

Es kann durchaus sein, dass sich deine Reise wie eine gute Gehirnwäsche anfühlen wird, und sich deine Einstellung zu vielen Dingen im Leben verändert.

Materieller Reichtum verliert an Bedeutung

Es kann ebenso durchaus passieren, dass du durch das Reisen Minimalist wirst. Du lernst, dass alles Wichtige in einen Rucksack passt. Du verschwendest dein Geld nicht mehr für unnötige materielle Dinge!

Die Momente, Abenteuer und Menschen, die mir das Reisen bietet, sind unbezahlbar. Und bekanntlich kann man Glück ja eh nicht kaufen!

Man vertraut Fremden und kommt besser mit Menschen zurecht

Es wird öfters vorkommen, dass du auf Fremde angewiesen bist und ihnen auch vertrauen musst. Ich habe mit der Zeit gelernt, den typischen ersten Anflug von Misstrauen schneller abzulegen und Fremden einfach auch mal zu vertrauen. Natürlich im gesunden Maße und nicht völlig leichtfertig.

Jedes Problem ist lösbar

Ob der Koffer verschwindet, du den Anschlussflug verpasst, kein Geld mehr hast, in Afrika im Krankenhaus liegst, temporär obdachlos bist oder dir all deine Wertsachen geklaut werden; so gut wie alle Probleme sind irgendwie lösbar!

Dadurch, dass du viele Probleme selbst handeln musst, wirst du viel gelassener, offener, selbstbewusster und unabhängiger.

Konsum macht nicht (immer) glücklich

Es ist bekannt, dass man Glück nicht kaufen kann. Dennoch haben Forscher herausgefunden, dass es eine Sache gibt, die man kaufen kann und dennoch glücklich macht: das Flugticket! Mit dem Ticket kaufst du dir deinen Flug in eine neue Welt, voller neuer und aufregender Erlebnisse.

Es macht süchtig

Du wirst süchtig nach neuen Erfahrungen, Eindrücken, der Freiheit, einfach nach dem, was das Leben zu bieten hat, wenn man sich nur traut. Egal ob du im Dschungel Bungee springst, einen Löwen am Straßenrand schlafen siehst, dir ein Transvestit, der als Domina arbeitet, ein freies WG-Zimmer zeigt und dir noch einen zwielichtigen Job bei sich anbietet, du auf einem Roller mit Koffer und Hund in Thailand zum Flughafen gebracht wirst oder fremde Menschen im Zug ihr Essen mit dir teilen. All das sind Erlebnisse, die dir keiner mehr nehmen kann.

Reisen mit wenig Geld – geht das?

Reisen muss nicht teuer sein. Ganz im Gegenteil sogar! Ich gebe monatlich weniger auf Bali oder in Thailand aus, als ich es in Deutschland tun würde.

Es ist keine große Kunst, mit wenig Geld zu reisen. Es hat nur, wie bei allen Dingen, immer mit der eigenen Kompromissbereitschaft und persönlichen Prioritäten zu tun. Luxushotels und anderer Schnickschnack fallen bei Budgetreisen natürlich weg. Wenn du nur ein paar Dinge beachtest, ist es überhaupt kein Problem das Reisen mit wenig Geld zu kombinieren.

Günstige Länder bereisen

Wenn du mit wenig Geld reist, und nicht vorhast vor Ort zu arbeiten, solltest du natürlich teure Länder meiden.

Südostasien bietet sich perfekt für so eine Reise an! Ich war insgesamt sechs Monate in Thailand und ich würde behaupten, dass du mit 600 bis 800 Euro im Monat dort gut leben kannst.

Work & Travel

Du möchtest lieber teure Länder wie Australien, Neuseeland, Kanada und die USA bereisen?

Auch kein Problem! In diesen Ländern und auch noch einigen anderen, kannst du ein Working Holiday Visum beantragen und damit dann bis zu 40 Stunden in der Woche arbeiten. Dadurch kannst du dir dann das Leben und Reisen in diesen Ländern ohne weiteres finanzieren, evtl. sogar noch sparen, um mit dem Geld dann noch weitere Länder zu bereisen.

Wwoofing

Wenn du dich für das wwoofen entscheiden solltest, bekommst du eine Unterkunft und die Verpflegung gestellt. Als Gegenleistung musst du meistens auf einer Farm oder bei einer Familie jeden Tag ein paar Stunden arbeiten oder ein wenig im Haushalt helfen.

Dadurch hast du direkt Einheimische um dich herum, ein Dach über dem Kopf und du verhungerst nicht. Ebenso lernst du das Leben an dem Ort so kennen, wie es die Einheimischen führen, nicht wie ein Tourist.

Die Wahl der Unterkunft

Anstatt teure Hotels zu buchen, halte lieber Ausschau nach einem Guesthouse, Home Stay oder Hostel. Dadurch lässt sich schon eine ganze Menge sparen. Oft findest du Home Stays (sehr beliebt auf Bali und in Thailand) leider nicht im Internet. Wenn du etwas mehr Zeit in einem Ort verbringen solltest, läufst du am besten durch beliebte Straßen und hältst Ausschau nach Home Stays.

Ich habe in Chiang Mai für ein Doppelzimmer in einem Guesthouse nur 5,30 Euro pro Nacht gezahlt. Und es geht noch günstiger: Hostels gibt es hier schon ab läppische 2,60 Euro pro Nacht!

Couchsurfing

Du willst lieber richtig in die Kultur eintauchen? Da bietet sich Couchsurfing am besten an. Beim Couchsurfen kommst du bei Einheimischen umsonst unter, die dir meistens auch noch ihre Heimat liebend gern präsentieren.

Street Food statt Restaurants

Am Essen lässt sich auch eine ganze Menge sparen!

Wer nicht pingelig ist und nicht jeden Tag westliches Essen und Alkohol braucht, wird hierbei sehr viel Geld sparen können. Ich liebe das Street Food in Asien und ziehe es meistens sogar einem Restaurantbesuch vor. Es schmeckt fantastisch und kostet nur sehr, sehr wenig.

Günstige Flüge

Wenn du zeitlich flexibel bist, kannst du manchmal die Hälfte des Flugpreises sparen. Ich schau‘ mir immer die Preise für einen ganzen Monat an und auch für verschiedene Flughäfen. Mir ist es z. B. egal, ob ich ab Düsseldorf, Frankfurt oder Amsterdam fliege, wenn ich dabei ein paar hundert Euro sparen kann.

Ich bin schon mal von Düsseldorf nach Amsterdam geflogen. Von dort dann nach London und dann weiter nach Kapstadt. Die Reise hat zwar 24 Stunden anstatt 12 Stunden gedauert, jedoch habe ich dabei mehr als die Hälfte gespart.

Diese Option ist natürlich nur für Leute von Vorteil, die viel Zeit haben!

Bus und Zug anstatt zu fliegen

Für Reisen innerhalb des Landes, oder auch innerhalb des Kontinents, musst du nicht fliegen. Du kannst günstige Busse, Mini Vans oder Züge nehmen und dabei auch Geld sparen.

Es ist nicht immer komfortabel, lange Reisen auf diese

Art und Weise anzutreten. Du siehst dadurch aber mehr und kannst die Weiten dieses Landes viel besser einschätzen, was bei einem Flug einfach nicht geht.

Ich selbst finde, dass wenn du mit wenig Geld unterwegs bist, du mehr offene Menschen triffst, die nach Anschluss suchen und du auch mehr vom Land siehst, da du öfters den Bus oder Zug nehmen wirst, anstatt mit mit dem Flieger das Land zu bereisen.

Emotionen, die während der Reise hochkommen können

Die Sache mit dem Geld wäre geklärt und du trittst deine langersehnte Reise an.

Deine Freude und Aufregung kennt keine Grenzen, du bist hungrig nach neuen Erfahrungen, du weißt, dass jetzt die Zeit deines Lebens beginnt. Und so wird es auch sein.

Zu Beginn der Reise kann aber auch alles erst mal ganz anders kommen, als du es dir in deinen Gedanken ausgemalt hast. Es kann sein, dass du ankommst und dich erst mal alles andere als wohl fühlst. Das ist nicht schlimm! Reisen kann unheimlich stressen. Du musst dir erst mal Zeit geben, um anzukommen.

Wenn du auf Reisen gehst, weil es dir nicht gut geht oder du einen klaren Cut brauchst, wird es im Ausland wahrscheinlich auch erst mal nicht besser werden. Klar, eine Reise kann dir dabei helfen, dich zu entwickeln und herauszufinden was du willst. Dennoch ist es kein Allheilmittel. Du musst dafür regelmäßig über deinen eigenen Schatten springen, alte Denkweisen ablegen und grundsätzlich offen sein. Aber was kann schlimmstenfalls nach deiner Ankunft im Ausland passieren?

Einsamkeit

Es kann sein, dass du dich einsam fühlen wirst, da du noch niemanden kennst. Das ist das kleinste Problem! Unternehme viel, mache Sport, übernachte in einem Hostel oder komm‘ in einer WG unter und schon lernst du sehr schnell Leute kennen.

Heimweh

Du vermisst deine Familie, Freunde und das gewohnte Umfeld? Skype oder telefoniere mit deinen Lieben, zu Beginn so oft dir danach ist, bis du eh keine Zeit mehr dafür haben wirst. Anschluss zu finden, ist jedoch das beste Mittel gegen Heimweh!

Innere Unruhe

Die kenne ich selbst nur allzu gut! Du kommst an deiner Destination an und willst direkt alles machen und sehen. Dein Kopf explodiert fast vor Gedanken. Du stresst dich unheimlich, alles muss sofort sein. Dadurch kannst du dich schnell ausgelaugt und rastlos fühlen. Gib dir erst mal Zeit, anzukommen und deinen Geist vom alltäglichen Stress herunterzufahren. Auch wenn du 1-2 Tage im Bett verbringst...wen interessiert’s? Sport kann ein wenig dabei helfen, abschalten zu können.

Kulturschock

Nach der anfänglichen Euphorie kann das Gefühl, fehl am Platz zu sein, auftreten. Es kann zu Beginn anstrengend sein, eine andere Sprache sprechen zu müssen, anders zu essen, den anderen Lebensstil zu verstehen. Mit der Zeit wirst du aber die neue Kultur verstehen und dir Teile ihrer Handlungsweisen sogar aneignen und sie lieben lernen. Einen Kulturschock kann es auch nach deiner Heimkehr geben – nämlich den Eigenkultur-Schock.

Ich selbst habe mich auch schon öfters gefragt, warum ich das tue. Warum schlafe ich in Hostels, die manchmal alles andere als komfortabel sind oder nehme ewig lange Flugzeiten oder zig Stopps auf mich, um günstig ans Ziel zu kommen? Warum esse ich zwei Wochen lang nur Reis und Toast oder verkaufe nachts auf Melbournes Straßen Kekse, um die Miete zahlen zu können?

Weil ich dafür unheimlich viel zurück bekomme! Es macht mich reich! Reich an Erfahrungen. Es lässt mich über den Tellerrand schauen und gibt mir die Möglichkeit, mich rasant zu entwickeln. Ich lerne die kleinen und wirklich wichtigen Dinge im Leben zu schätzen.

Du musst ankommen, dich an die Kultur gewöhnen, zur Ruhe kommen, Gleichgesinnte treffen, genießen, dich treiben lassen und dich in das neue Land verlieben. Alles wird gut, auch wenn es zu Beginn manchmal nicht danach scheint.

Also geh‘ raus in die Welt und verlieb‘ dich in diesen wunderschönen Planeten und in dein Leben!

- ERNÄHRUNG - DU BIST, WAS DU ISST

Unsere Ernährung beeinflusst unser Wohlergehen ganz extrem.

Als ich vor einigen Jahren täglich nur Fast Food aß, fühlte ich mich müde und unmotiviert und hatte dazu noch reichlich gesundheitliche Probleme, die zum Teil auf meine Ernährung zurückzuführen waren.

In Australien fing ich durch eine Freundin an besser zu essen. Noch lange nicht gut, aber immerhin schon etwas besser. Ich konnte den Unterschied fühlen und meine Gesundheit dankte mir dafür.

Als ich mit Bill, einem Freund aus den USA auf einem Road Trip durch Deutschland, Österreich und der Schweiz war, probierte ich es aus, mehrere Tage lang nur Rohkost zu essen. Es fiel mir schwer, es schmeckte aber und ich fühlte mich fantastisch, leicht und klar. Ich hielt es dennoch nicht sehr lange aus nur Rohkost zu essen, da das Verlangen nach den ganzen anderen Leckereien doch zu groß war.

Ich weiß aber heute, dass wenn ich mal am kränkeln bin, ich mein Wohlbefinden durch die richtigen Lebensmittel lenken kann und schnell wieder fit bin.

Bill ist ein Verfechter der Rohkost. Er ist der Meinung, dass sich sehr viele Krankheiten durch die passende Ernährung heilen ließen.

Durch ihn wurde ich dazu inspiriert, dem Ganzen mal ein wenig mehr auf den Grund zu gehen.

Sehr viele Menschen konnten durch Rohkost schwere, sowie leichte Krankheiten heilen. Das Gerson Institut in San Diego, Kalifornien hat schon viele Krankheiten mithilfe der sogenannten Gerson Therapy, die den menschlichen Körper durch rohe, biologische und planzenbasierte Ernährung heilen können; ganz besonders jene, die von vielen Ärzten der westlichen Medizin als „unheilbar" abgestempelt werden, wie zum Beispiel Diabetes, Arthritis, Herzkrankheiten und sogar Krebs. Die Therapie wurde von dem Deutschen Max Gerson im Jahre 1928 entwickelt. Seine Tochter Charlotte, die 1977 dann das Institut in San Diego eröffnete, ist eines seiner Erfolgsbeispiele. Mit 12 Jahren erkrankte sie an der damals tödlichen Krankheit Tuberkulose und wurde mit der Gerson Therapie durch ihren Vater geheilt. Seitdem folgt sie dieser Ernährungsweise und ist heute 93 Jahre alt!

Es gibt Phasen, in denen ich mich gesund ernähre und auch körperlich aktiv bin. Ich fühle mich dann immer unglaublich gut – körperlich, sowie mental.

Es gibt aber auch Phasen in denen ich faul bin, keinen Sport treibe und auch nicht besonders gesund esse. Den Unterschied bemerke ich dann recht schnell und entscheide dann, ob es mir egal ist, wie ich mich fühle oder nicht.

Mir ist heute, im Vergleich zu früher wenigstens bewusst, was ich meinem Körper antue, wenn ich meinen Hunger mit Müll stille.

Mit unserer Ernährung können wir zu einem großen Teil unsere Gesundheit und unser Wohlbefinden lenken.

Wenn wir Energie brauchen oder mental einiges leisten müssen, ist Fast Food ein Garant dafür, dass es uns schwerer fallen wird, als mit einer ausgewogenen Ernährung.

Die Natur bietet uns alles, was wir benötigen, um gesund und vital zu sein.

Der Nobelpreisträger Linus Pauling ist sogar der Meinung, dass eine optimale Ernährung die Medizin der

Zukunft ist. Und damit steht er nicht alleine da.

Aber auch in der weit entfernten Vergangenheit war schon klar, dass eine gesunde Ernährung der Schlüssel zu einem erfüllten und wohlbehaltenen Leben ist - so wie Hippokrates damals bereits verdeutlichte: „Lass Nahrung deine Medizin sein und Medizin deine Nahrung."

Leider wird eine gesunde Ernährung bei Medizinern nach wie vor viel zu wenig berücksichtigt. Viel zu oft wird ein Zusammenhang, selbst bei schwerwiegenden Krankheiten, überhaupt nicht untersucht.

Und leider kommen wir auch hier schon wieder zu dem Punkt MEDIEN! In der Werbung wird uns immer wieder gezeigt, was gesund und was ungesund ist. Es gibt Süßigkeiten, die als gesund vermarktet werden, da sie Milch und Calcium enthalten. Und mit zig anderen Lebensmitteln läuft es genauso. Viele von uns informieren sich nicht weiter und glauben, was uns die Werbung erzählt. Nur hinter all diesen Lebensmitteln stecken sehr mächtige Konzerne, die einen unheimlich großen Einfluss auf unsere Wirtschaft und Politik haben. Leider sind solche Konzerne nicht an unserem Wohlergehen interessiert. Wenn wir aber weniger von all diesen künstlichen Lebensmitteln konsumieren, nehmen wir ihnen auch einen Teil ihrer Macht. Wie mit allen Dingen, liegt es in unserer Hand.

Genauso sieht es mit der Pharmaindustrie aus. Wir alle sind krank und brauchen irgendwelche Medikamente. Natürlich haben sie stets für all unsere Leiden eine Lösung parat. Dabei ist es egal, ob es sich um Depressionen, Allergien, Migräne oder das Burnout-Syndrom handelt: laut Werbung können wir ohne die Wunder-Pillen nicht gesund bleiben. Unsere Gesundheit wurde zu einem riesigen Geschäft und die Pharmaindustrie könnte ohne unsere

Krankheiten nicht existieren.

Natürlich sind einige Medikamente sinnvoll und können Menschen helfen und auch Leben retten. Viele andere sind es dafür aber nicht.

Wenn wir uns die heutige Gesellschaft anschauen, ist ganz offensichtlich, dass der Großteil der Bevölkerung lieber sein Geld für Schnick Schnack als für gute Nahrung ausgibt. Wir sparen am Essen, rackern uns oft für unwichtige Dinge ab, um dann Geld für Medikamente und Arztbesuche auszugeben.

All das passiert aber nur, weil die meisten es nicht besser wissen und unzureichend über Ursachen, Behandlungen und alternative Heilmethoden informiert werden, wobei „alternativ“ nicht immer gleich „Hokuspokus“ sein muss.

Every time you eat or drink,
you are either feeding disease or fighting it.
– Heather Morgan

- MEDIEN-DETOX -
WÄHLE DEINEN INPUT SORGFÄLTIG

Vor inzwischen sieben Jahren ging mein Fernseher kaputt. Gut so! Ich brauchte das Ding eh nicht mehr. Seitdem habe ich ihn auch kein einziges mal vermisst!

Der tägliche Fernsehkonsum hat mich lustlos, antriebslos und übellaunig gemacht. Natürlich hat meine damalige extrem schlechte Ernährung auch einen sehr großen Teil dazu beigetragen.

Fernsehen macht träge und manipuliert den Geist

Ich möchte nicht grundsätzlich das komplette Fernsehprogramm schlecht reden. Auf manchen Sendern gibt es sicherlich gutes Programm.

Ich schaue mir auch gern Filme, Serien und Dokumentationen auf meinem Notebook an oder gehe auch gerne mal ins Kino, was ich natürlich auch alles vorm Fernseher machen könnte. Das Problem ist ja auch nicht der Fernseher an sich, sondern einfach die Tatsache, dass viele Sender uns einfach nur zumüllen. Dazu kommt dann noch die Werbung, die auf sehr clevere Weise ausgeklügelt wird. Durch Werbung und Product-Placement wird unser Unterbewusstsein programmiert und ferngesteuert.

Fernsehen verbreitet schlechte Laune und ein falsches Weltbild

Wenn ich mir die Nachrichten angeschaut habe, wurde mir das Gefühl vermittelt, dass alles und jeder schlecht ist. Kein Tag verging, an dem sich nicht irgendeine schreckliche Tragödie ereignete, politische Unruhen herrschten oder wieder irgendwelche Psychopathen unterwegs waren, vor denen wir alle Angst haben sollten. Die Welt ist schlecht! Statt von guten Ereignissen zu berichten, wird sich fast ausschließlich auf das Schlechte konzentriert. Der Sicherheitswahn wächst dadurch ins Unermessliche, wodurch wir klein gehalten werden und glauben, vor vielen Dingen Angst haben zu müssen. Manchmal habe ich das Gefühl, dass für uns eine Meinung gebildet wird, die wir dann einfach so übernehmen können, ohne großartig darüber nachzudenken.

Es macht faul und kreiert unrealistische Vorstellungen

Wir werden immer undisziplinierter und es fällt uns immer schwerer, den Fernseher mal auszulassen, um was Sinnvolles zu tun. Es erschafft falsche Werte, Ideale und Erwartungen.

Im Fernsehen sind alle wunderschön, haben perfekte Maße, leben aufregende Leben und haben romantische Beziehungen. Das entspricht nicht der Wirklichkeit, doch unser Unterbewusstsein speichert es ab und sieht es als Realität an.

Es stresst

Sich noch schön auf die Couch legen, um den Abend ausklingen lassen, bevor es ins Bett geht? Der Verstand wird mit Eindrücken bombardiert, anstatt dass er zur Ruhe kommt. Die Informationen beschäftigen uns dann sogar noch im Schlaf. Unser Schlaf nimmt folglich an Qualität ab und das zeigt sich am nächsten Tag.

Außerdem verbringen wir schon so viel Zeit vor dem PC, Tablet oder Smartphone. Wenn wir dann noch jeden Tag fernsehen, wo bleibt denn dann noch Zeit für das richtige Leben?

Es ist aber nicht nur das Fernsehen, das dich regelrecht zumüllt.

Auch das Radio beeinflusst dich mit der Werbung und den Nachrichten. Das alles passiert im Unterbewusstsein, ohne dass wir es merken.

Zeitschriften, das Internet und Musik tun es auch. Sie alle haben Einfluss auf uns und lenken uns täglich, auch wenn wir es nicht bewusst merken.

Wähle also sorgfältig, welche Informationen du brauchst und welche dir auch gut tun, anstatt dir zu schaden.

Als ich für zwei Monate bei meinen Eltern war und abends ein paar Minuten das Fernsehprogramm mitbekam, änderte sich meine Gemütslage rasend schnell. Dadurch, dass ich, was das Fernsehen angeht, kaum etwas mitkriege, reagierte ich recht schnell auf den Überfluss an negativem Input.

Während der Zeit, habe ich wieder alle nur möglichen Tragödien im Fernsehen mitbekommen und litt natürlich mit.

Nachdem dann auch noch in der Zeit ein Flugzeug abstürzte und die Medien es natürlich regelrecht ausgeschlachtet haben, hat es mich sogar insofern beeinflusst, dass ich Angst hatte, meinen nächsten Flug anzutreten.

Ich war mir dessen bewusst, dass Fliegen im Vergleich zu anderen Verkehrsmitteln sehr sicher ist und die Wahrscheinlichkeit unglaublich gering ist, dass mir etwas passiert. Dennoch haben mich die Medien und folglich meine Gedanken soweit manipuliert, dass ich mit einem unguten Gefühl im Flugzeug saß.

Sei vorsichtig bei dem, was du liest, was du siehst und was du hörst!

Bei allen Dingen werden wir gelenkt! Es ist egal, ob es der Aufbau eines Supermarktes ist, und damit unser Konsum, die Nachrichten oder die Werbung. Alles ist verdammt gut durchdacht und zielt auf etwas hinaus.

Wähle deinen Input sorgfältig

Während meine Studiums, habe ich gerne meinen Tag mit trauriger Musik gestartet.

Nichts gegen melancholische Musik, die mag ich bis heute noch.

Es ist nur nicht besonders clever, den Tag mit etwas Traurigem und Trägen zu starten. Musik hat sehr großen Einfluss auf unsere Stimmung und sollte dementsprechend eingesetzt werden.

Ich höre heute nur noch positive und belebende Musik morgens, damit ich gut in den Tag komme.

Zum Lesen, Schreiben, Lernen höre ich Musik, mit der ich mich gut konzentrieren kann. Meistens ist es klassische Musik oder einfach nur entspannende Hintergrundmusik ohne Gesang.

Starte deinen Tag auch mit fröhlicher Musik, reduziere deinen Fernsehkonsum und versuch mal eine Weile komplett auf Nachrichten zu verzichten. Die wirklich wichtigen Dinge erreichen dich auch so.

The media's the most powerful entity on earth.
They have the power to make the innocent guilty
and to make the guilty innocent, and that's the power.
Because they control the minds of the masses.
- Malcolm X

MINDSET

GLÜCK IST KEIN ZUFALL

Kommen wir nun zum wichtigsten Part:
deinem Mindset!

In den letzten Jahren hat sich mein Mindset komplett verändert. Ich sehe jede Erfahrung als lehrreich an, egal ob sie gut oder schlecht war. Dadurch hat sich das Opferdenken aufgelöst und mein Leben ist viel leichter und unkomplizierter geworden.

Doch muss ich sagen, dass ich ohne die vorher erwähnten Tools nicht so einfach zu einem besseren Mindset bzw. einer anderen Lebenseinstellung gekommen wäre.

Glaubst du, dass du zu mehr in der Lage bist, als es sich momentan in deinem Leben zeigt? Glaubst du, dass du glücklicher und zufriedener sein könntest?

Ja, das könntest du! Nur fängt jede Veränderung in deinem Kopf an und nirgendwo anders. Und daran arbeiten wir jetzt.

ES IST EGAL, WAS ANDERE ÜBER DICH DENKEN

Deine Freunde und deine Familie wollen natürlich nur das Beste für dich. Sie wollen, dass du einen vernünftigen Job hast, der dir das Überleben sichert und einen Partner, der gut zu dir ist. Das heißt natürlich nicht, dass diese Ratschläge nicht wertvoll sind. Oftmals kennen dich diese Menschen verdammt gut, dennoch bist du die einzige Person, die weiß, was richtig und falsch für dich und dein eigenes Leben ist.

Nur was ist, wenn deine Vorstellung und die Vorstellung deiner Liebsten extrem voneinander abweichen?

Bei mir war es der Fall. Ich hatte nie einen vernünftigen Job und ein bodenständiges Leben im Kopf. Als ich meinen Eltern und Freunden erzählte, dass ich Bloggerin werden möchte, dachten manche, dass ich spinne und andere nur „aha“ weil sie nicht wussten, was es ist. Ehrlich gesagt hielten mich die meisten einfach nur für bekloppt und unrealistisch. Ich hab aber daran geglaubt und war nie ein Fan von einem Stück Papier, das mir nach dem Abschluss ein sicheres Leben geben sollte. Außerdem sind die Zeiten eines „sicheren Jobs“ schon längst vorbei.

Du wirst niemals das machen können, was du dir wirklich wünscht, wenn dir die Meinung anderer wichtiger ist, als deine eigene.

Ich glaube daran, dass es in allen Lebensbereichen möglich ist, nach dem Besten zu streben und dieses auch zu bekommen, nur wirst du alle negativen Stimmen ausblenden müssen. Sie stoppen sich nur dabei, die Person zu werden, die du schon immer sein wolltest. Versuch‘ dich größtenteils von Menschen zu umgeben, die dich bei deinen Vorhaben unterstützen und selbst Träume haben und diese auch leben.

Deine Familie wünscht sich, dass du Jura oder Medizin studierst? Du wärst aber lieber künstlerisch tätig und würdest gerne davon leben? Dann tu es! Nicht jeder Künstler ist arm und muss nebenher kellnern. Und selbst wenn? Solange dich deine Tätigkeit glücklich macht, gibt es nichts dagegen einzuwenden.

Oder sollst du in die Fußstapfen deiner Eltern treten und weißt nicht, wie du ihnen mitteilen sollst, dass es nicht dein Weg ist? Meine Eltern sind selbstständig und hätten sich gewünscht, dass ich bei ihnen Fuß fasse. Ich habe es auch versucht. Mehrfach sogar. Auf Familienfeiern wurde mir auch immer von Familienmitgliedern deutlich gemacht, dass ich ja keine Wahl hätte, als meinen Eltern zu helfen. Sonst wäre ich keine „gute Tochter“.

Nur der Gedanke daran, keine eigene Wahl zu haben, schnürte mir die Luft ab.

Zum Glück konnten meine Eltern nachvollziehen, dass ich meinen eigenen Weg gehen will und nicht nach Vorstellungen anderer leben möchte. Sie selbst haben auch nichts anderes gemacht.

Wenn ich mit meiner Oma telefoniere, kommt immer die Frage, ob ich nicht endlich genug gesehen hätte und nun mit meinem Hintern mal in Deutschland bleiben könnte.

Für sie ist es unverständlich, dass es mein Leben geworden ist und nichts ist, was nach ein paar Wochen gesättigt wurde und dann wieder in die „Normalität“ führt. Wobei ich mich nach und nach immer mehr nach einem sesshaften Leben sehne.

Ich hab‘ die absolut coolste Oma auf diesem Planeten

und ich weiß, dass sie es gut mit mir meint, nur meine Lebensweise einfach nicht versteht, da sie ganz andere Vorstellungen von einem Leben im Kopf hat.

Aber so ist es mit allen Menschen. Jeder hat seine eigene Realität und hält diese auch für richtig. Nur ist für jeden etwas anderes richtig.

Es wird immer wieder Menschen geben, die dir versuchen werden einzureden, was gut und was schlecht für dich ist. Das wird aber aufhören, sobald du dir sicher bist, welchen Weg du einschlagen willst und du selbstsicher darüber reden kannst.

Die Stimmen der anderen werden dich dann nicht mehr stören und verstummen auch mit der Zeit.

Es kann sich manchmal wie ein langer Kampf anfühlen, bei dem du anderen beweisen musst, dass es auch andere Wege gibt und verschiedene Ansichten der Realität. Bei deiner Entscheidung gibt es kein richtig oder falsch. Dein Gefühl wird dir sagen, wo es für dich lang gehen soll und nur darauf solltest du hören.

Denn nur du kannst wissen, was richtig für dich und dein Leben ist!

Nur du kennst deine Wahrheit

Du bist die einzige Person, die weiß, was dich wirklich in Aufregung versetzt, dich glücklich macht oder andere Emotionen in dir hervorruft. Andere Menschen fühlen es nicht. Sie geben dir vernünftige Ratschläge, die nicht richtig für dich sein müssen.

Wenn du auf dein Gefühl hörst, kann es sehr gut sein, dass dich dein eigener Weg selbst noch überraschen wird.

Oft musst du erst hinfallen, bevor du weißt wohin es gehen soll

Enge Freunde oder die Familie möchten dich gerne davor schützen schmerzhafte Erfahrungen zu machen. Doch sind es meistens die schmerzhaften Erfahrungen, die dich wachsen lassen und deine Veränderung vorantreiben.

Wenn dich also deine Lieben vor schlechten Entscheidungen schützen wollen, meinen sie es nur gut mit dir, doch hindern sie dein Wachstum.

Vergleich dich nicht mit anderen

Wir vergleichen viel zu oft unser Leben mit dem Leben anderer, weil wir glauben, dass wir in ein gewisses Schema passen müssen. Oft glauben wir dann auch noch, dass die Bedürfnisse anderer auch unsere widerspiegeln.

Du musst die Erwartungen fallen lassen und deinen Weg, den sein lassen, der er sein sollte.

Nimm an, wer du wirklich bist und zelebriere deine Einzigartigkeit.

Wie viele von uns leiden, weil sie nicht das machen, was sie gerne machen würden? Sobald sich das ändert, fällt sehr viel emotionaler Schmerz ab.

Schuldgefühle sind Gift für deine Träume

Wir alle hassen es Menschen zu enttäuschen. Deshalb treffen wir viele Entscheidungen, die andere glücklich machen, uns selbst aber unglücklich.

Wenn du das aber tust, schadest du letztlich nur allen Beteiligten.

Ich glaube, dass wenn du selbst glücklich mit dir und deinem Weg bist, du in der Lage bist, andere zu inspirieren und ihnen einen besseren Weg aufzuzeigen.

Halte eine gesunde Distanz zu manchen Menschen

Wenn du dich dazu entscheidest, deinem Instinkt zu folgen, wird es notwendig sein eine gesunde Distanz gegenüber manchen Menschen zu halten.

Manche Menschen haben einen negativen Einfluss auf dich, was in diesen Lebensphasen dann besonders sichtbar und spürbar wird.

Keiner von ihnen macht es mit Absicht. Sie machen es durch ihre eigenen Ängste und Regeln, die sie sich in ihrem Leben angeeignet haben.

Es ist verdammt wichtig, dass die negativen Stimmen nicht in deinem Kopf ankommen und dich manipulieren. Wenn diese Menschen viel zu viel Einfluss auf dich und deine Entscheidungen nehmen, bleibt manchmal leider nur das mentale Abkapseln von Menschen. Das heißt nicht, dass du keinen Kontakt zu diesen Menschen haben solltest. Du wirst lenken müssen, was du an dich herankommen lässt und was nicht.

Du hast die Wahl

Alle Dinge, die uns im Leben begegnen, lassen uns eine Wahl. Die meisten jedenfalls. Wir kreieren unsere eigenen Regeln und entscheiden was wir tun. Dabei gibt es kein richtig oder falsch.

Wir alle sind dabei herauszufinden, wer wir sind und was wir vom Leben wollen. Manchmal müssen wir erst im

Leben erfahren, was wir nicht wollen, um sehen zu können, was wir in Wirklichkeit wollen.

Jeder von uns hat schon Erfahrungen gemacht, die man als "negativ" bezeichnen würde. Dabei ist es aber wichtig, nicht zu vergessen, dass "negativ" nicht unbedingt etwas Schlechtes sein muss.

Du kannst nichts Positives haben, ohne das das Negative existiert. Es treibt unsere Entwicklung voran und ohne diese Entwicklung gäbe es nur Stagnation.

Für mich war die „was könnten die anderen über mich denken"-Haltung die größte Bremse in meinem Leben. Es wäre alles viel schneller verlaufen, wenn ich nicht immerzu daran gedacht hätte, was andere von mir halten.

Ich wollte einfach niemanden enttäuschen. Nur enttäuschte ich dabei die wichtigste Person in meinem Leben: mich selbst!

Es gehört eine große Portion Mut dazu, seine Wahrheit und sein Potenzial zu leben. Oftmals ist es nicht das, was uns unser Verstand sagt, sondern das wonach sich unser Herz sehnt.

Es wird Zeiten geben, die dir Angst machen werden, da du die Verantwortung für dich übernommen hast und somit das meiste selbst lenken kannst.
Sei mutig und geh weiter. Nur du kannst dir einen Weg kreieren, den es wert ist zu gehen.

SEI DANKBAR FÜR DAS, WAS DU HAST

Kennst du das Gefühl, wenn du vor Glück weinen könntest?

Mich überkommt das Gefühl des öfteren. Egal, ob ich gerade irgendwo entlang spaziere und dankbar für die wunderschöne Natur bin oder einfach für mein Leben, das immer so schön ist, wie ich es gerade in dem gegenwärtigen Moment zulasse. Oder auch für meine Familie und meine Freunde, für all die schönen Dinge, die ich sehen kann, was nicht selbstverständlich ist. Meine coole Playlist, die ich mir je nach Laune zusammenstelle und dazu mitgröle, für all die tollen Yoga-Stunden, die mich manchmal regelrecht transformieren und mich vor Glück einfach nur schweben lassen. All diese Dinge sind nicht selbstverständlich!

Be thankful for what you have; you'll end up having more.
If you concentrate on what you don't have, you will never,
ever have enough.
– Oprah Winfrey

Wir jagen immer hinter Dingen her, die wir nicht haben und vergessen dabei in dem gegenwärtigen Moment dankbar zu sein und unser Glück einfach nur zu genießen.

Wir sind immer dabei etwas zu werden. Wir werden erfolgreich, wir werden dünn, wir werden einen Kredit für das neue Auto aufnehmen, wir werden umziehen, wir werden verreisen. Immer werden wir etwas. Dabei sollten wir viel öfter einfach nur sein.

Viele von uns freuen sich schon Monate vorher auf den Urlaub, was nichts verwerfliches ist, nur vergessen wir dabei aber oft das gegenwärtige Leben. Wie viele von uns glauben, dass sie erst glücklich sind, wenn sie das geplante erreicht haben. Leider ist dies selten oder eher nie der Fall. Daraufhin gibt es dann das nächste, worauf hingearbeitet wird. Dabei vergessen wir, was wir schon erreicht haben.

Realisiere in diesem Moment, dass du mehr als genug hast. Es ist sicherlich nicht falsch, Träume zu haben, zu lernen, sich Wachstum zu wünschen, sich zu entwickeln und großartige Dinge zu erreichen.

Es ist aber so wichtig, sich für das Erreichte selbst zu feiern und stolz auf sich zu sein, den gegenwärtigen Augenblick zu genießen und dankbar für sein Leben zu sein.

Mit Dankbarkeit kommt Glück und mit Glück kommt noch mehr Dankbarkeit

Selbst die Dinge, die uns eher nicht so erscheinen, als ob wir für sie dankbar sein sollten, sind ein Segen.

Wenn du schon alles wüsstest, was könntest du dann noch lernen? Gäbe es keine schwierigen Zeiten, könntest du nicht wachsen. Würdest du keine Fehler machen, könntest du auch keine Lehre daraus ziehen. Jede Herausforderung gibt dir Stärke und formt deinen Charakter.

Es ist einfach für all die schönen Dinge im Leben dankbar zu sein. Ein wirklich reiches, glückliches und erfüllendes Leben kommt aber nur zu denjenigen, die auch dankbar für die schweren Zeiten sind.

Dankbarkeit zieht das in dein Leben, was du haben möchtest

Inzwischen wissen viele von uns, dass wir das in unser Leben ziehen, worauf wir am meisten fokussiert sind.

Seitdem sich darüber immer mehr Menschen einig sind, dass es kosmische Gesetze gibt, wäre es nicht schön, noch mehr Dinge in deinem Leben zu haben, für die du dankbar bist?

Wenn du also für die Dinge dankbar bist, die du schon in deinem Leben hast, ziehst du automatisch noch viel mehr davon an.

Dankbarkeit reduziert Negativität

Es wird dir schwer fallen, negativ über eine Situation zu denken, wenn du an die Dinge denkst, für die du dankbar bist. Einer der schnellsten Wege, deine Laune zu verbessern, ist es die Dinge mental aufzuzählen, die in deinem Leben eine große Bereicherung sind.

Dankbarkeit lässt uns lernen

Hinter jedem Problem steckt eine Gelegenheit. Dankbar für jede Situation zu sein, auch wenn sie nicht optimal ist, erlaubt es uns dankbar für die Möglichkeit zu sein, etwas neues zu lernen.

Probleme werden nicht mehr als Probleme gesehen

Oft sehen wir Problemlösungen als erschöpfend an. Etwas ist nicht in Ordnung und wir haben Hindernisse, die aus dem Weg geräumt werden müssen. Und natürlich müssen wir uns anstrengen, um diese zu beseitigen. So oder so ähnlich werden Probleme und dessen Lösungsmöglichkeiten gerne gesehen.

Wenn wir stattdessen aber daran denken wofür wir dankbar sind, öffnen wir uns für neue Möglichkeiten. Wir sehen gleichzeitig auch eine ganz neue Option, Probleme zu lösen, mit einer Perspektive die eher auf Verbesserungen und Möglichkeiten ausgerichtet ist, anstatt auf Hindernisse und Ergebnisse.

Für was bist du dankbar?

Ich frage dich das, da echte Dankbarkeit für schon sehr viele tiefgreifende Veränderungen in manchen Leben verantwortlich war. Dankbarkeit kann Negatives in Positives verwandeln.

Wie du Dankbarkeit üben kannst

Schreib' einfach mal eine Woche lang jeden Morgen fünf Dinge auf, für die du dankbar bist und schau sie dir dann noch einmal genau an und versuche Dankbarkeit zu verspüren. Auch wenn es dir gerade nicht gut gehen sollte, gibt es sicherlich Dinge, für die du dankbar sein kannst.

Wir können für so viele Dinge dankbar sein, wie ein Dach über'm Kopf, genügend Essen, sauberes Trinkwasser, unsere Familie und Freunde und viele andere Dinge, die wir für selbstverständlich halten!

Es dauert nur wenige Minuten jeden Tag, kann aber dein ganzes Leben verändern.

Gratitude unlocks the fullness of life.
It turns what we have into enough, and more.
It turns denial into acceptance, chaos to order,
confusion to clarity.
It can turn a meal into a feast,
a house into a home, a stranger into a friend.
– Melody Beattie

VISUALISIEREN
LASS DEINE TRÄUME REAL WERDEN

Wenn ich auf die letzten Jahre zurückblicke, realisiere ich, dass ich damals schon das Bild vor Augen hatte, wie ich an den schönsten Orten der Welt an meinem Notebook sitze und an irgendwas am arbeiten bin.

Was es genau war, wusste ich nicht. Schreibtalent hatte ich eigentlich nie, also musste es irgendwas anderes sein. Vielleicht würde ich ja Grafik Designerin werden oder als Freelancer online für irgendein Unternehmen arbeiten.

Das Bild kam immer und immer wieder. Unbewusst hat es sich wahrscheinlich so tief verankert, dass es gar nicht anders sein konnte, als wahr zu werden.

Inzwischen visualisiere ich öfters Dinge, die ich mir in mein Leben wünsche.

Hollywood Star Jim Carrey schrieb sich vor vielen Jahren selbst einen 10 Millionen Dollar Scheck für einen Filmvertrag und datierte diesen fünf Jahre in die Zukunft. Zu diesem Zeitpunkt kannte ihn noch niemand, dennoch glaubte er an sich und seine Karriere. Und was passierte? Fünf Jahre später wurde er der Hauptdarsteller in dem Film „Dumm und Dümmer“ und erhielt eine Gage von 10 Millionen Dollar.

Für manche hört es sich vielleicht unrealistisch an, ist es aber nicht. Es ist ein ganz natürlicher Prozess, der einfach nur die Kraft der Gedanken involviert.

Es gibt Menschen, die diese Technik jeden Tag ganz natürlich nutzen, ohne zu wissen, was für ein mächtiges Tool sie da gerade nutzen.

Durch Visualisierung kannst du Träume zur Realität werden lassen

Die Macht der Visualisierung nutzen nicht nur Hollywood Stars, sondern auch andere erfolgreiche Menschen aus allen Bereichen, wie professionelle Athleten, CEO's, Sänger und Speaker. Sie alle kennen die Wichtigkeit sich selbst in Gedanken gewinnen zu sehen, bevor sie es in der Realität tun.

Wissenschaftliche Studien haben sogar ergeben, dass unser Gehirn zwischen einer Visualisierung und der Realität nicht unterscheiden kann.

In einer Harvard Studie wurde zwei Gruppen eine einfache Piano Melodie gezeigt.

Die eine Gruppe praktizierte fünf Tage lang jeden Tag zwei Stunden und die andere Gruppe stellte sich einfach nur vor, dass sie die Melodie spielen würde. Was neurologisch bei beiden Gruppen stattfand, war nahezu identisch.

Das Unterbewusstsein akzeptiert Gedanken, die du häufig wiederholst. Dabei ändert sich dann automatisch dein Mindset bezüglich der Sache und folglich natürlich deine Gewohnheiten und Handlungen. Das führt dazu, dass du neue Menschen kennenlernst und in neue Situationen gerätst.

Gedanken sind mit einer unglaublich kreativen Power ausgestattet, dass sie in der Lage sind dein Leben zu formen und die Dinge in dein Leben zu ziehen, an die du denkst.

Gedanken sind Energie

Besonders ein fokussierter Gedanke, mit reichlich emotionaler Energie hat es in sich. Gedanken verändern die Balance der Energie um uns herum und auch unser Umfeld.

Manche Menschen denken und wiederholen gewisse Gedanken ziemlich häufig. Sie fokussieren ihre Gedanken auf ein gewisses Ereignis oder eine Situation und kreieren dadurch immer wieder die selben Ereignisse und Umstände. Es ist so, als ob sie sich immer wieder den selben Film anschauen würden. Man kann sich aber für einen anderen Film entscheiden, indem man seine Gedanken ändert.

Sorge also dafür, dass du dir einen sehenswerten Film aussuchst!

Wenn du deine Gedanken veränderst, kreierst du dir eine neue Realität

Wenn du z.B. in einer kleinen Wohnung lebst, aber gerne eine größere hättest, solltest du lieber nicht jammern und dich immer wieder auf das Negative fokussieren, sondern deine Gedanken und deine Einstellung ändern und eine größere Wohnung visualisieren.

Stell dir ganz klar vor, was du erreichen willst

Kreiere eine Vision, die so groß und so toll ist, dass dich nichts davon abhalten kann, schon gedanklich aufzugeben. Mach es wie Jim Carrey oder Michael Jordan, der den letzten Korb eines Basketball-Spiels immer vorher visualisiert.

Wenn du dich beim Erreichen deiner Träume nicht sehen kannst, dann ist die Chance sehr groß, dass es auch nicht passieren wird.

Je genauer du dir die Situationen vorstellen kannst, desto besser. Ich sehe mich seit einigen Monaten auf der Bühne stehen und Vorträge halten. Ich weiß sogar, was ich dabei tragen werde und wie aufgeregt ich vorher sein werde.

Fang an über deine Wünsche und Träume nachzudenken. Such‘ dir einen bestimmten Traum aus und visualisiere ihn immer wieder. Werde dabei so detailliert, wie nur möglich. Stelle dir vor, wie du dich dabei fühlst, was du anhast, was du danach machst und wie es dein Leben verändern wird. Gehe dabei soweit, wie du nur kannst. Es muss sich so real wie nur möglich anfühlen. Wiederhole es dann immer wieder. Damit wäre es dann auch verankert. Habe Vertrauen und Geduld und du wirst Resultate sehen können.

- OPTIMISMUS -
ES MACHT ÜBERHAUPT KEINEN SINN PESSIMIST ZU SEIN

Vielleicht bin ich zu naiv und blauäugig für diesen Planeten. Ich finde es aber schön, wenn Menschen Träume haben und an diese auch glauben. Solche Menschen wirken einfach viel anziehender auf ihre Umwelt als nörgelnde, alles immer schlecht redende Pessimisten.Nicht mutig genug, um an ihre Träume zu glauben, versuchen sie es erst gar nicht. Denn so können sie nicht enttäuscht werden! Nur bekommt man im Leben meistens das, was man auch erwartet. Willst du nichts vom Leben, bekommst du auch nichts.

Pessimisten oder Realisten – wie sie sich auch gerne nennen, halten die Ursachen für unangenehme Ereignisse, in die sie geraten, für dauerhaft und bleibend. Optimisten dagegen wissen, dass es nur vorübergehend ist. Wenn dann etwas mal gut läuft, ist es natürlich nur eine Ausnahme, denn grundsätzlich ist das Leben einfach nur scheiße und meint es nicht gut mit einem.

Es gibt mehr als genug gute Gründe sich für Optimismus zu entscheiden. Und eine optimistische Lebenseinstellung kann sich jeder aneignen. Hier nur ein paar Beispiele, welch einen Einfluss Optimismus auf unser Leben hat.

Das Gesetz der Anziehung

Inzwischen wissen die meisten von uns, dass wir mit unseren Gedanken und Worten die Dinge und Menschen in unser Leben ziehen, die so sind wie wir.

Ein negativer Geist wird also auch immer nur Negatives

bekommen! Grund genug, umzudenken und sich auf die schönen Dinge des Lebens zu fokussieren.

Weniger Stress

Optimisten sehen alles etwas gelassener. Wenn etwas mal nicht so läuft wie es sollte, ist es nicht direkt ein Weltuntergang. Stress ist eh Gift für den Körper und die Seele! Also weniger stressen und mehr entspannen.

Körperliches und seelisches Befinden

Optimisten sind ausgeglichener, kreativer und ideenreicher. Die Sinnesorgane funktionieren besser und sie können einfach besser mit Stress umgehen.

Krankheiten werden als Warnsignal gesehen, dass es in einem Lebensbereich krankmachende Denk- und Verhaltensgewohnheiten gibt, die es zu ändern gilt.

Der eigene Weg

Optimisten gehen selten auf ausgetretenen Pfaden. Viel lieber suchen sie nach Wegen, die vor ihnen noch niemand gegangen ist. Sie glauben einfach an sich und ihre Leidenschaft.

Auch wenn ein Optimist öfters mal auf Schnauze fällt, so hat seine optimistische Einstellung, alles werde irgendwie klappen und gut gehen, doch einen Riesenvorteil: er packt vieles an und realisiert auf diese Weise viel – wenn auch nicht alles. Viele erfolgreiche und glückliche Menschen sind zig mal hingefallen und wieder aufgestanden.

Pessimisten glauben von Anfang an daran zu scheitern.

Dadurch packen sie nichts an und belassen es bei dem alten Zustand.

Zwischenmenschliches

Optimisten haben eine positive Grundeinstellung gegenüber ihren Mitmenschen.

Generell machen sie seltener schlechte Erfahrungen mit anderen Menschen, da sie durch ihre positive und offene Art gleichgesinnte Menschen anziehen und sie sich in der Regel von pessimistisch eingestellten Menschen fernhalten.

Wenn sie dann doch mal von einem Menschen enttäuscht werden, lassen sie sich trotzdem nicht dadurch beirren an ihrer positiven Grundeinstellung festzuhalten.

So wirst du optimistischer

Optimismus ist eine erlernte innere Einstellung und wird uns nicht von Geburt an mitgegeben. Im Laufe unseres Lebens werden wir durch bestimmte Erlebnisse, unsere Eltern und andere wichtige Bezugspersonen geprägt. Durch sie lernen wir die Welt positiv oder negativ zu sehen.

1. Du musst realisieren welchen Einfluss du auf dich und dein Leben hast. Du hast es in der Hand und kontrollierst es! Lege die Opfermentalität ab. Sie bringt dich nicht weiter, legt einen dunklen Schleier über dein Leben.

2. Jeder von uns hat Stärken und Schwächen. Lenke deinen Blick aber auf deine Stärken und vertraue auf deine Fähigkeiten. Das wirst du dann auch ausstrahlen und positive Reaktionen zurückbekommen.

3. Jedes Problem kann man irgendwie lösen. Wenn du bei der ersten Hürde schon aufgibst, kannst du dir keine Ausdauer aneignen und wirst auch keine Kraft haben, um zu kämpfen.

4. Misserfolge gehören zu jedem Leben und sind ganz natürlich. Gehe locker mit ihnen um und versuche es beim nächsten Mal besser zu machen. Wenn du dich für deine Fehler verurteilst, machst du dir das Leben nur schwer und kommst nicht weiter.

5. Meide bloß die Gesellschaft von Pessimisten! Sie würden dich nur bei deinem pessimistischen Denken bestätigen und dich noch weiter runterziehen. Umgebe dich mit Menschen, die an sich glauben. Denn nur diese Menschen haben genug Optimismus für sich und andere über.

- GEDANKENKRAFT -
GLAUB' NICHT ALLES, WAS DU DENKST

Jeder von uns kennt es, wenn diese hinterhältige Stimme im Kopf anfängt Geräusche zu machen und nicht aufhören will. Manchmal sind die Gedanken gut und schaden uns keineswegs, sondern bringen uns weiter. Doch viele andere Male sind unsere Gedanken wie hinterhältige Bazillen, die einfach nicht verschwinden wollen. In der Endlosschleife kommen sie immer und immer wieder und machen uns das Leben schwer. Das alles wäre nur halb so schlimm, wenn die Qualität unserer Gedanken nicht unsere Realität bestimmen würde.

Ich bin vor Jahren jeden Morgen mit negativen Gedanken aufgewacht und habe das dann noch mit trauriger Musik verstärkt, mich nur mit negativen Themen auseinandergesetzt und auch fast ausschließlich nur solche Gespräche geführt. Selbstverständlich ist das wie ein Teufelskreis, aus dem es nicht gerade einfach ist rauszukommen. Die negativen Gedanken lösten bei mir eine regelrechte Kettenreaktion aus. Ich hatte negative Gedanken und formulierte diese täglich in Worte. Daraus folgten dann meine Handlungen und neue Gewohnheiten, die meinen Charakter formten und schließlich zu meinem Schicksal wurden. Ich habe dadurch gelernt, dass ich sehr vorsichtig mit meinen Gedanken umgehen muss und vor allem nicht alles glauben sollte, was ich denke. Mich haben das Reisen und Yoga aus der Negativschleife geholt.

Es gibt aber auch andere Möglichkeiten, seine Gedanken zu steuern und sie als das wahrzunehmen, was sie in Wirklichkeit nur sind.

Eine der wichtigsten Erkenntnisse, zu der ich für mich

in den letzten Jahren kam, ist, dass meine Gedanken nicht ich sind. Natürlich gehören sie zu mir, da ich sie selbst kreiere. Dennoch habe ich Einfluss auf sie. Dein wahres Ich steht über all deinen Gedanken. Das bedeutet, dass wir alle lernen können, unsere Gedanken zu steuern.

Wenn dir das nächste Mal Gedanken in deinem Kopf herumschwirren und du sie als das identifizierst, was sie sind (ein Fremdkörper hört sich komisch an, versuche die Gedanken dennoch als sowas in der Art wahrzunehmen) dann versuche sie mal eine Weile zu beobachten. Normalerweise dürfte es gar nicht funktionieren, da du in diesem Moment schon viel stärker als deine Gedanken bist und sie zum ersten Mal bewusst wahrnimmst, anstatt dich von ihnen lenken und manipulieren zu lassen.

Hast du schon mal darüber nachgedacht, dass deine Gedanken nur deiner Realität entsprechen und du dir durch deine Gedanken und manch anderen Menschen das Leben schwermachen kannst? Was in deinem Kopf als richtig zu sein erscheint, muss nicht für andere Menschen so stimmen.

Es passiert manchmal, dass wir uns gedanklich unser eigenes Drehbuch kreieren und dann auch noch glauben, dass es tatsächlich der Wahrheit entspricht.

Dadurch entstehen dann oftmals Streit, Unruhe oder andere Missverständnisse zu denen es nicht kommen muss.

In wie vielen Beziehungen gibt es unbegründete Eifersucht, nur weil der eine oder andere sich etwas denkt, was nicht der Realität entspricht. Natürlich kann man auch mal richtig liegen, vor allem wenn es um das Bauchgefühl geht. Aber was ist, wenn du das alles nur in deinem Kopf kreierst und deinem Partner dadurch das Leben zur Hölle machst?

Wie du deine Gedanken lenken kannst

Du kannst z.B. ein Gummiband an deinem Handgelenk tragen und es bei negativen Gedanken schnappen lassen. Dadurch ist dann der Gedankengang unterbrochen und du kannst deine Aufmerksamkeit ganz bewusst etwas Schönem widmen.

Eine andere Möglichkeit ist es einfach die Gedanken niederzuschreiben, was auch die Grübelei sofort unterbricht.

Unser Denkapparat ist ein Gewohnheitstier, d.h. alte Gedankenmuster kommen immer wieder und müssen durch Positives ersetzt werden. Das funktioniert aber nicht, indem wir uns darauf konzentrieren, was wir nicht denken wollen, da logischerweise diese Gedanken dann noch häufiger auftauchen werden. Wir müssen aus negativen Gedanken also positive machen. Wenn du dir denkst „Ich kann mich heute einfach nicht dazu überwinden Sport zu machen“ solltest du diesen Gedanken in „Ich freue mich schon auf den Sport und das super Gefühl, das ich danach haben werde“ umwandeln. Das hört sich vielleicht etwas dumm an, kann aber Wunder bewirken, wenn man seine Gedanken regelmäßig verwandelt.

Meine gängigsten Methoden gegen negative Gedanken sind das Meditieren, Tanzen und Schreiben. Wenn ich merke, dass da Gedanken auftauchen, die mir den Tag vermiesen könnten, mache ich entweder sehr positive Musik an und tanze einfach, schreibe meine Gedanken nieder oder setze mich auf ein Kissen und fange an zu meditieren. Bei der Meditation beobachte ich meine Gedanken und akzeptiere sie, wodurch ich sie dann loslassen kann. Meditieren bedarf aber an Übung und wird von Mal zu

Mal besser. Egal was ich davon anwende, es funktioniert wunderbar.

Für manche ist es eher ein Spaziergang in der Natur, der Wunder bewirkt oder ein tiefes Ein-und Ausatmen, was einen wieder im Hier ankommen lässt.

Im Prinzip haben wir nur zwei Möglichkeiten: Entweder kontrollieren wir unsere Gedanken oder die Gedanken kontrollieren uns. Da wir nicht Sklave unserer Gedanken sind, steht es uns frei zu denken was wir wollen.

Alles, was wir sind und machen, ist einfach nur ein Resultat unserer Gedanken. Nicht mehr und auch nicht weniger. Sieh' also zu, dass deine Gedanken dem Leben gleichen, das du gerne hättest.

Jeder Gedanke ist entweder wie Nektar oder wie Gift.
Jeder Gedanke kann unser Erlöser oder unser Zerstörer sein.
- Sri Chinmoy

- HUMOR -
NIMM NICHT ALLES SO ERNST

Ich kann mich noch sehr gut daran erinnern, als ich vor ein paar Jahren in Sydney am Flughafen stand und am Gate auf meinen Flieger nach Los Angeles gewartet hab'. Ich stand dort müde und etwas gelangweilt, wie vor den meisten Langstreckenflügen und hörte plötzlich jemanden meinen Namen rufen. Ich drehte mich um und sah einen Freund aus Essen an dem anderen Gate stehen. Was für ein witziger Zufall, dachte ich mir. Er schaute mich aber eher skeptisch an und sagte nur „Wie siehst du denn aus?" Dazu muss ich sagen, dass ich meistens sehr komfortabel reise. Mit komfortabel meine ich, dass ich auf Langstreckenflügen wie der allerletzte Penner aussehe. Manchmal bin ich über 40 Stunden unterwegs, meine Haare fetten sehr schnell und dementsprechend sehe ich dann auch aus. Die Kombination meiner Klamotten und Frisur sind dann kaum zu toppen – an Geschmacklosigkeit. Meine Eltern schämten sich auch schon ab und zu, als sie mich am Flughafen im Empfangsbereich erblickten. Es ist mir einfach egal, was andere denken und nehme mich selbst auch nicht für allzu voll. Natürlich hoffe ich dann immer, dass nicht plötzlich ein verdammt attraktiver Mann neben mir im Flugzeug sitzt. Wobei selbst das eigentlich egal wäre.

Als ich dann in Los Angeles ankam, holte mich nicht nur meine Freundin ab, sondern auch ihr Freund und dessen Bruder mit Begleitung. Aber Amerikanern ist es egal, wie andere gekleidet sind. Auch wenn ihnen Oberflächlichkeit nachgesagt wird. Also war es letztlich egal, dass ich in einer Schlafanzughose geflogen bin.

Als ich vor ein paar Jahren mal kurz in Hamburg lebte,

traf ich mich mit einem Bekannten von mir, in den ich mich vor vielen Jahren mal verguckt hatte. Bevor wir uns trafen, ging ich zum Bikram Yoga und fokussierte mich während der 90 Minuten auf das Loslassen. Nach dem Yoga merkte ich schon, dass sich etwas tat, dachte mir aber nicht viel dabei, da ich mich mit meinem Bekannten unbedingt treffen wollte. Ich fuhr also zu ihm und merkte unterwegs schon, dass mein Bauch ein Konzert hätte geben können. Ich Volltrottel dachte aber, dass es sicherlich schnell vorbeiginge. Was passierte? Mein Bekannter öffnete die Tür, wir setzten uns ins Wohnzimmer und zwei Minuten später rannte ich zum Klo, da ich dachte, dass mein Bauch gleich explodiert. Soviel zum Thema Loslassen.

Aber selbst diese Situation war natürlich erstmal verdammt peinlich und die nächsten Tage darauf auch noch, doch letzten Endes war es egal.

Ich könnte eigentlich ein komplettes Buch mit solchen Stories füllen, werde mich jetzt aber zurückhalten.

Warum Humor wichtig ist

Dein Humor kann zu deiner unermesslichen Stärke werden, wenn du über dich selbst lachen kannst und nicht alles allzu Ernst nimmst. Das Leben ist noch nie besser geworden, wenn wir zu ernst oder bitter waren.

Wenn du über dich selbst lachen kannst, wird dein Leben direkt leichter, du wirkst sympathischer auf andere und es fördert deine Gesundheit. Nicht umsonst gibt es das altbekannte Sprichwort: „Lachen ist die beste Medizin".

Lachen hat in etwa die gleiche Wirkung auf den Körper wie Jogging oder andere nicht allzu anspruchsvolle Sportarten. Eine Minute Lachen bringt sogar so viel wie vierzig Minuten Entspannungstraining. Stresshormone werden abgebaut und das Herz-Kreislauf-System wird aktiviert.

Leider wird seit den 50er Jahren viel weniger gelacht, wodurch die Anfälligkeit für Depressionen um das Zehnfache gestiegen ist. Zum größten Teil liegt es am gestiegenen Anspruchsniveau in unserer Gesellschaft. Wer aber über sich selbst und andere lachen kann, hat ein wunderbares Mittel um überhöhten Ansprüchen entgegenzuwirken. Man muss sich nämlich nicht immer rechtfertigen und um jeden Preis gut dastehen.

Es ist also auch nicht überraschend, dass in Gesellschaften, in denen viel gelacht wird, die Menschen glücklicher sind. Zum einen liegt das an den Glückshormonen, die durchs Lachen freigesetzt werden und zum anderen hat es einen psychologischen Grund: Menschen, die viel lachen, kommen im sozialen Leben besser an!

Auf Reisen habe ich immer bemerkt, wie glücklich die Menschen in ärmeren Ländern sind. Sie brauchen nicht den ganzen Schnickschnack, den wir Tag für Tag anhäufen und damit nur unser Leben beschweren. Sie wissen, dass es um die wesentlichen Dinge im Leben geht und schreiten oftmals mit mehr Leichtigkeit und Lachen durch ihr Leben.

Wie du mehr Humor und Leichtigkeit in dein Leben holst

Lache mehr über dich selbst! Wer bist du, dass du dich für Ernst nimmst? In schwierigen Situationen kann es unglaublich helfen über sich selbst und die Situation lachen zu können, anstatt in Selbstmitleid zu ertrinken. In jeder Tragik findet man auch etwas, worüber man lachen kann. Und lachen ist und bleibt die beste Medizin.

Lache auch über andere. Es ist nichts Verwerfliches daran, wenn man über andere lacht. Als ich mal gegen eine Glastür gerannt bin und vor Schmerz und Lachen Tränen in den Augen hatte, konnte mein Vater sich vor Lachen auch kaum halten, da es einfach nur dämlich und dazu auch noch amüsant war.

Lache über deine Schwächen und Probleme. Über den Tod, Krankheiten und Politik gibt es viele Witze und Karikaturen und das auch zurecht. Man kann das Leben nicht immer nur ernst nehmen und sich Sorgen machen. Probleme gehen nicht weg, indem du dir den lieben langen Tag nur den Kopf darüber zerbrichst.

Ich mache mich oft über meine Laktoseintoleranz lustig, da ich manchmal so viel Gas wie ein Ballon in mir herumtrage.

GLÜCK IST KEIN ZUFALL

Ich glaube an vieles. An fast alles eigentlich. Es gibt aber eine Sache, an die ich nicht glaube: an zufälliges Glück. Denn Glück ist kein Zufall!

Mir geht es hierbei nicht um das glücklich sein, sondern um das zufällige Glück, wie es die meisten definieren.

Ich finde es ermüdend, wenn der eine oder andere anfängt darüber zu reden, dass irgendjemand Glück hatte und er aber leider nie so ein Glück hat.

Meistens tut diese Person dann aber auch rein gar nichts für das eigene Glück. Es hört sich für mich dann immer so an, als ob es immer nur äußere Umstände sind, die dafür zuständig sind, einem Glück zu verschaffen.

Oft sind es dann nur faule Ausreden, für mangelndes Verantwortungsbewusstsein sich selbst gegenüber. Oder noch schlimmer – fehlender Mut, das zu tun, was man wirklich will!

Glück, so wie es meistens definiert wird, ist nur eine Abfolge von Entscheidungen, die einen dann letztendlich dahin führen, wo man eigentlich hin will.

Ich persönlich glaube nicht an Zufälle. Ich glaube, dass einige Dinge einfach passieren sollen. Und der ganze Rest ist Arbeit und die richtige Lebenseinstellung.

Glück ist also eine Entscheidung und kein Zufall

Viele Dinge werden von Menschen auf Zufälle geschoben, anstatt es selbst in die Hand zu nehmen. Du wirst kein Glück haben, wenn du ein sehr bequemes Leben führst und dich nicht selbst regelmäßig herausforderst.

Führst du ein glückliches Leben, tust etwas dafür und bist auch dankbar dafür, ziehst du automatisch dann auch Glück in dein Leben.

Glück ist die richtige Einstellung

Manchmal triffst du Menschen, bei denen du glaubst, dass sie viel Glück oder Unglück haben. Meistens liegt es aber nur an ihrer Persönlichkeit: ihren Charaktereigenschaften, ihrer Arbeitseinstellung, ihrer Einstellung gegenüber neuen Situationen und Erfahrungen.

Du denkst, dass jemand sehr viel Glück hat und übersiehst dabei, dass es meistens nur die Belohnung für die harte Arbeit ist. Es liegt immer an der Perspektive des Betrachters.

Es ist wie mit Placebos: Sie beinhalten nur Zucker, trotzdem helfen sie Menschen, weil sie daran glauben. Genau so ist es mit Glück: wenn du glaubst, dass du Glück hast und dafür auch etwas tust, dann wirst du es auch haben. Es ist reine Einstellungssache! Nicht mehr und nicht weniger.

Glück ist Strategie

Ich glaube nicht an Glück. Ich glaube an Talent. Es gibt Dinge, die du gut kannst und Dinge, die dir einfach nicht liegen.

Folgst du deinen Talenten und deiner Leidenschaft und überschreitest dazu noch regelmäßig deine Grenzen, holst du dir die Dinge in dein Leben, die du gerne hättest und kreierst dadurch dein eigenes Glück.

Und Glaube, der Glaube an dich und deine Träume. Ich

vertraue täglich ins Leben, tue aber trotzdem etwas dafür.

Glück ist Optimismus

Nichts geht über Optimismus. Menschen mit einer optimistischen Einstellung sehen sich niemals als Opfer gewisser Umstände.

Jedem von uns passiert mal etwas Schlimmes im Leben. Das kann man dann so hinnehmen und sich in Selbstmitleid suhlen oder sich dafür entscheiden, aus der Situation das Beste zu machen und daran zu wachsen.

Optimisten riskieren mehr, fallen dadurch natürlich auch mal auf die Schnauze. Aber die besten und erfolgreichsten Menschen sind schon zig mal gefallen und einmal mehr wieder aufgestanden.

Du wirst nur Glück haben, wenn du an dich glaubst

Think big. Wenn du an dich selbst nicht glaubst, dann wird es auch nichts mit dem Glück. Jeder von uns kann irgendetwas gut. Finde es und glaube an dich und deine Talente! Halte dir immer deine Träume vor Augen und sei selbstbewusst genug, für diese zu kämpfen und diese auch letztendlich zu leben.

Das Glück ist im Grunde nichts anderes als der mutige Wille, zu leben, indem man die Bedingungen des Lebens annimmt.
– Maurice Barrès

DEINE ENTSCHEIDUNGEN BESTIMMEN ÜBER DEIN SCHICKSAL

Den meisten von uns fällt es schwer, Entscheidungen zu treffen. Besonders dann, wenn es um wichtige Entscheidungen geht, die viel im eigenen Leben verändern können. Es ist die Angst vor den Veränderungen, und Risiken einzugehen. Die Angst vor einer falschen Entscheidung ist einfach zu groß.

Nur wird Wachstum und jede Veränderung, die wir gerne hätten nur durch Entscheidungen eingeleitet. Mit jeder Entscheidung, die wir treffen, trennen wir uns auch von etwas. Wir wählen etwas Neues und trennen uns von den Wegen, die wir nicht beschreiten und deren Ziele wir nie kennenlernen werden. Je mehr Optionen wir haben, desto schmerzhafter der Entschluss und desto größer das Risiko der Enttäuschung durch eine falsche Wahl.

Bei jeder Entscheidung in unserem Leben haben wir die Wahl zwischen der Vergangenheit und der Zukunft. Ist das Alte gut für uns, können wir uns dafür entscheiden und daran festhalten. Entscheiden wir uns aber für das neue Ungewisse, sind wir frei für neue Chancen und können unseren Träumen und Visionen folgen. Eine Sache ist nur nicht möglich: an der Vergangenheit festzuhalten und nach den neuen Träumen zu greifen. Es funktioniert nur, wenn wir uns von Sicherheiten trennen und die Vergangenheit loslassen. Das erfordert Mut.

Du musst dir Gedanken darüber machen, ob du festhalten oder loslassen willst. Nur du weißt, ob du glücklich mit deinem jetzigen Leben bist oder ob du etwas verändern möchtest.

Warum triffst du keine Entscheidungen?

Glaubst, du dass du bei deiner Berufswahl bleiben musst, nur weil du vor vielen Jahren diese Entscheidung getroffen hast? Wir verändern uns und dann ist es auch an der Zeit für eine neue Berufswahl. Oder gehörst du zu den Menschen, die der Meinung sind, sich später entscheiden zu können? Selbst wenn du keine Entscheidung getroffen hast, hast du es eigentlich doch. Du hast dich dann für die Unentschiedenheit entschieden. Dafür habe ich mich auch schon zig mal entschieden und es hat mich verdammt viel Energie, Zeit und Freiheit gekostet. Ich konnte mich nicht bewegen. Ich stand nach wie vor an der selben Stelle und kam nicht weiter.

Wiederum andere lähmt die Angst vor einer falschen Entscheidung. Dabei gibt es keine falschen Entscheidungen, da man gar nicht wissen kann, wie das Leben bei einer anderen Entscheidung verlaufen wäre und was dir widerfahren wäre.

Das Schlimmste, was man machen kann, ist abzuwarten, bis man keine Entscheidung mehr treffen muss. Dabei handelt es sich natürlich um keine Wahl, da du die Entscheidung gar nicht würdigen kannst.

Wie du Entscheidungen treffen kannst

Benutze deine Intuition, dein Bauchgefühl. Jeder von uns hat es und kann davon profitieren. Ohne die Intuition wüssten wir auch gar nicht, wann wir uns in gefährlichen Situationen befinden. Uns werden immer Signale geschickt, wir müssen diese nur wahrnehmen.

Wenn du zurückblickst, wirst du dich sicherlich an

Situationen in deinem Leben erinnern, die nicht besonders gut für dich liefen. Und wahrscheinlich wirst du auch vorher schon dieses ungute Gefühl gehabt haben, das dich an etwas Zweifeln ließ. Oftmals hören wir aber nicht darauf und fallen dann auf die Schnauze.

Als ich mit meinem Studium begann und zu der ersten Vorlesung fuhr, musste ich unterwegs anhalten, weil mir so schlecht war und mein Bauch kurz vorm explodieren war. Nein, ich war nicht nervös. Ich drehte um und fuhr zum Arzt und wurde mit einer Magendarmgrippe diagnostiziert. Ich war dann erstmal eine Woche krank. Das war eigentlich schon das zweite Warnsignal, das ich mich da in etwas verrenne. Daraufhin folgten noch etwa hundert weitere Signale, auf die ich einfach nicht hören wollte. Ich war einfach viel zu feige eine Entscheidung zu treffen. Ich hatte Angst vor dem Ungewissen und machte noch jahrelang so weiter.

Der Körper sendet uns immer Signale und sagt uns, was falsch und was richtig für uns ist. Wenn du eine Entscheidung treffen musst, achte einfach darauf wie du dich fühlst, wenn du daran denkst. Verändert sich dein Atem, spürst du irgendeine Art von Furcht, hast einen Kloß im Hals, Muskelverspannungen oder sogar Zittern? Oder fühlst du wohlige Wärme im Bauch, ein weites Gefühl in der Brust, ein angenehmes Kribbeln? Deine Intuition lebt in deinem Körper und nicht in deinen Gedanken. Lass also deinen Körper sprechen!

Eine andere Möglichkeit, deine Intuition für Entscheidungen zu nutzen ist die Meditation. Wenn du damit anfängst wenigstens täglich ein paar Minuten zu meditieren, schulst du deine Intuition und lernst den ganzen Lärm in deinem Kopf verstummen zu lassen.

Während der Meditation kannst du auch einfach um Hilfe bitten. Es ist egal ob du es Gott, das Universum, die innere Stimme oder dein Unterbewusstsein nennst. Wir alle haben den Zugang dazu und können uns so führen lassen. Ich habe es selbst auch schon öfters genutzt und lag damit nie falsch.

Als ich nach einem Namen für meinen Blog suchte, habe ich auch meditiert, mich danach schlafen gelegt und bin früh mit dem Namen „Modern Hippie" aufgewacht.

Einmal kam mir auch während der Mediation der Name einer Person in den Kopf, mit der ich im Kindergarten und in der Grundschule war. Ich konnte damit nichts anfangen und meldete mich bei der Person nicht. Diese Person meldete sich aber zwei Wochen später bei mir.

Manchmal schreibe ich meine Optionen auch auf Zettel und lose dann. Meistens ist es dann ganz einfach, da ich sofort spüre ob mir diese Wahl gefällt oder nicht. Wenn ich kein Gefühl verspüre, ist es eh egal, welche dieser Optionen ich wähle. Hauptsache ich treffe eine Entscheidung.

Viel zu oft werden wir in unserer Vergangenheit gefangen gehalten, da wir uns an Sicherheiten und Dinge klammern. Dadurch sind wir nicht frei für das Leben, das uns glücklich machen würde.

Egal was du tust, ob du dich für deine Vergangenheit oder für die Zukunft entscheidest. Hauptsache du triffst eine Entscheidung! Wenn du keine Entscheidung triffst, blockierst du deinen Wachstum.

Es ist viel besser, große Dinge zu wagen, große Triumphe zu feiern, auch wenn es auf dem Weg zu Fehlschlägen kommt, als sich in die Reihe der schlichten Geister einzuordnen, die weder viel Freude noch viel Leid erfahren, weil sie in der Grauzone leben, in der es weder Sieg noch Niederlage gibt. -Theodore Roosevelt

Deine Entscheidungen bestimmen über dein Schicksal! Viele Menschen beschützen sich selbst, indem sie keine Risiken eingehen. Dadurch halten sie an einem Leben fest, das ihnen gar nicht mehr gefällt. Aber gibt es ein größeres Risiko, als ein Leben zu führen, das einen nicht glücklich macht?

Bevor du aber eine wichtige Entscheidung triffst, denk' daran, dass deine Intuition und dein Herz schon längst wissen, was richtig für dich ist! Lasse fremde Meinungen außen vor und vertraue deiner inneren Stimme.

GIB' ANDEREN DAS, WAS DU HABEN WILLST

Alles, was du tust, jede Entscheidung, die du triffst, löst einen umgehenden Effekt auf dich und die Menschen um dich herum aus.

Das Wichtige und Interessante daran ist, dass es unmittelbares Karma gibt (ich nenne es einfach mal so). Mir geht es hier nicht um das Karma, an das die meisten jetzt denken werden, sondern eher um eine Art von „Wie man in den Wald hineinruft, so schallt es heraus."

Deine Handlungen bestimmen, ob dein Leben glücklich oder unglücklich verläuft. Sanft oder holprig, so als ob alle Räder abgefallen wären.

Wenn du egoistisch und manipulativ bist, prallt das selbe auf dich zurück. Du wirst größtenteils nur von Menschen umgeben sein, die auch nur etwas von dir wollen. Wenn du aber viel Gutes gibst, liebenswert und rücksichtsvoll bist, kriegst du sehr viel dafür zurück und nicht im Himmel oder im nächsten Leben (oder woran auch immer du glaubst) sondern hier und jetzt, in diesem Leben.
Wie ein Bumerang kommt alles, was du in die Welt hinausschickst, zu dir zurück.

Natürlich gibt es auch Menschen, die Gutes tun und trotzdem nicht nur Gutes zurückkriegen. Das liegt dann aber oft an ganz anderen Gründen.

Es hört sich fast nach einer Drohung oder purer Naivität an, ist es aber meiner Meinung nach nicht. Es ist einfach eine Beobachtung, die die Menschheit in den verschiedensten Kulturen seit zig Jahren schon macht.

Diejenigen, die Gutes tun, bekommen Gutes. Diejenigen, die Schlechtes tun, bekommen auch Schlechtes.

Ich weiß, dass jeder von uns auch Menschen kennt, die es in unseren Augen geschafft haben, ein anscheinend gutes Leben zu führen und trotzdem widerwärtig sind. Diese Menschen können nachts aber nicht schlafen und haben kaum Menschen, die sie lieben. Im Inneren sind die traurig und allein. Diejenigen von uns, die freundlich und voller Liebe der Welt entgegentreten und diese Gefühle mit anderen teilen, werden genau damit im Gegenzug überhäuft.

Möchtest du Liebe haben, musst du Liebe säen.

Möchtest du Anerkennung haben, musst du Anerkennung säen. Möchtest du Verständnis haben, musst du Verständnis säen.

Gib‘ einfach anderen, was du haben willst!

Schau dir die Gesichter von denjenigen an, die Freude verbreiten und du siehst Lachfalten, strahlende Augen und Freude in deren Gesichtern. Und dann schau dir die Gesichter von denen an, die gerne andere tyrannisieren, arrogant oder auch boshaft sind und du nimmst in deren Gesichtern die Finsternis, Angst und Schwere wahr. Sie sind, was sie tun und du kannst es in ihren Augen sehen.

Du reagierst auf etwas oder jemanden und ziehst letztlich nur die dazu passende Reaktion an. Wenn du immer Negatives austeilst, kannst du auch nichts Positives im Gegenzug erwarten. Es funktioniert wie eine Geben-Nehmen-Rechnung.

Alles, was wir tun, hat Konsequenzen

Manchmal lache ich Menschen an, die ihre schlechte Laune, Unzufriedenheit und Misere regelrecht zur Schau tragen. Und so gut wie nie kommt ein Lachen zurück.

Ich kann mir nur sehr schwer vorstellen, dass solche

Menschen viel Gutes von ihren Mitmenschen erhalten, da sie das Gegenteil davon schon ausstrahlen. Nur sehr wenige Menschen mit einer gesunden Lebenseinstellung möchten Zeit mit solchen Menschen verbringen.

Behandle andere Menschen mit Respekt und so, wie du auch behandelt werden möchtest!

Wenn du dieses Prinzip verinnerlicht hast, verändert sich alles für dich. Du weißt, dass du mehr von dem geben musst, was du kriegen möchtest. Deine emotionale Verfassung ändert sich und dadurch auch das Gefühl, dass es an irgendetwas in deinem Leben mangelt. Vergiss niemals: Wir ernten, was wir säen.

SEI MUTIG! SONST WIRST DU SPÄTER VIELES BEREUEN

Viele Dinge werden als Probleme angesehen, obwohl es gar keine sind. Meistens ist es nur eine kleine Portion Mut und ein Anstoß in die richtige Richtung, die vielen fehlen.

Die Sache mit dem fehlenden Mut ist anscheinend die häufigste Barriere für viele, weshalb ich das Thema Mut als eines der wichtigsten halte.

Als allererstes – ich war selbst auch da und weiß, wie sich einige von euch fühlen! Nur weiß ich auch, dass sich durch Nichtstun auch nichts ändern kann.

Ich hab‘ während meines Studiums, und auch Jahre zuvor, wichtige Entscheidungen ewig lang vor mir hergeschoben. Ich habe nichts geändert, dafür aber viel gejammert, das ganze Leben hinterfragt und dadurch alles komplizierter gemacht, als es eigentlich war. Wahrscheinlich habe ich insgeheim nur darauf gewartet, dass mir jemand all die wichtigen Entscheidungen abnimmt. Nur hat das keiner getan. Durch das Warten und Nichtstun hat sich vieles dann nur noch verschlimmert.

Ich hatte einfach nicht den Arsch in der Hose, mich meinen Ängsten zu stellen und einfach auf mein Gefühl zu hören. Es hat regelrecht nach Veränderung und Abenteuern geschrien. Aber nein, ich wollte das Gefühl killen und mich der selbst eingeredeten Norm um jeden Preis anpassen.

Der Preis, den ich dafür zahlen musste, war verdammt hoch.

Oft wird behauptet, dass Talent und Leidenschaft fehlen, was nicht stimmen kann, da jeder für etwas brennt.

Meistens haben wir in der Kindheit die besten Ideen und Träume, nur vergessen wir diese schnell wieder, da wir anfangen uns mit anderen zu vergleichen und denken, dass wir vernünftig sein müssen. Genauso sieht es mit kurzfristigen, verrückten Aktionen aus, wie einem Fallschirmsprung oder einer Reise.

Ohne Mut wirst du nie erfahren, was die Welt für dich zu bieten hat.

Ohne Mut wird deine Welt klein bleiben – wesentlich kleiner, als du es dir für dich und dein Leben gewünscht hast.

Es kann sich einfach nichts ändern wenn du dich nicht traust.

Fang' an bevor du bereit bist. Sonst wirst du ewig auf den richtigen Zeitpunkt warten, den es nicht gibt.

Mut alleine zu reisen. Mut alles hinter sich zu lassen, um neu zu starten. Mut sich nicht der gesellschaftlichen Norm zu beugen. Mut ehrlich zu sich zu sein. Mut das auch auszusprechen. Mut zu springen. Mut zu gehen und sich nicht umzudrehen. Mut endlich du selbst zu sein, egal wie stark oder schwach du bist, langweilig oder verrückt. Hauptsache du.

Bleibe stehen für eine Weile. Nicht zu lang und nicht zu kurz. Schau', was du wirklich willst. Dein Gefühl, nicht dein Verstand. Sagt dein Verstand du sollst gehen, dann bleib stehen. Sagt er dir du sollst bleiben, weil es zu riskant ist, dann geh'.

Hier hast du drei gravierende Gründe, die dir zeigen sollten, warum du ohne Mut vieles bereuen wirst:

Du wirst sterben

Keiner redet gerne über den Tod, aber was wäre wenn heute der letzte Tag deines Lebens wär'? Würdest du gerne das tun, was du heute tust? Welche Erfahrung würdest du gerne noch machen? Wohin würdest du gerne reisen?

Ich halte den Tod für die beste "Erfindung" unserer Existenz.

Sich daran zu erinnern, dass wir sterben, ist am besten die heimtückische Falle zu umgehen, zu glauben, dass wir etwas zu verlieren haben.

Du bereust nur die Dinge, die du nicht getan hast

Du bereust nicht die Dinge, die vielleicht nicht so liefen, wie du es dir erhofft hattest oder Situationen, die dir einfach nur peinlich waren. Du bereust die Dinge, die du nicht getan hast!

Ich habe schon viel Dummes in meinem Leben gemacht, bin öfters auf die Schnauze gefallen. Manchmal war es auch verdammt schmerzhaft. Aber wirklich bereuen tu' ich nur die Dinge, die ich nicht getan hab', da ich einfach zu feige war.

Weil du deinen eigenen Weg gehen musst

Wenn du den Mut nicht aufbringst, Verantwortung für dich und dein Leben zu übernehmen, wirst du nie deinen Weg gehen, sondern immer anderen folgen, für andere arbeiten und das tun, was von dir erwartet wird. Und du wirst nie erfahren, was das Leben eigentlich für dich bereithält.

Wenn du dich nicht traust, wirst du zu denjenigen gehören, die sich im hohen Alter oder schwer krank wünschten, dass sie auf ihr Herz gehört hätten und mutig genug gewesen wären, so zu leben, wie sie wirklich wollten.

Mut kann man trainieren

Mut kann man sich antrainieren! Ich merke selbst immer wieder, dass wenn ich komfortabler werde und meine Komfortzone über einen längeren Zeitraum nicht verlasse, es immer schwieriger wird. Tue ich aber öfters Dinge, vor denen ich Angst habe, wird es immer leichter. Kontinuität ist also erforderlich.

Suche dir immer wieder kleine Herausforderungen, die es zu bewältigen gilt. Am besten mehrmals in der Woche. Nur sei dabei nicht zu streng mit dir, denn Perfektionismus hat da nichts zu suchen. Hast du die Herausforderung gemeistert, dann belohne dich selbst dafür.

ZWEIFEL KILLEN MEHR TRÄUME, ALS VERSAGEN ES JEMALS KÖNNTE

Ich gehe mit einem guten Freund von mir an der Gold Coast in Australien spazieren. Er ist ein sehr begabter Künstler, der seine Werke nicht verkaufen möchte, da er noch nicht so weit ist. Er sagte mir das selbe schon vor fünf Jahren. Er hat Angst und glaubt, dass das Timing nicht richtig sei. Leider gibt es aber kein richtiges oder passendes Timing. Es ist das richtige Timing, wenn wir es einfach wagen.

Unsere Zweifel sind Verräter und
häufig die Ursache für den Verlust von Dingen,
die wir gewinnen könnten,
scheuten wir nicht den Versuch.
– William Shakespeare

Es ist Fakt, dass wir eine Nation sind, die gerne alles verdenkt.

Wir nutzen unsere Zeit und Energie, um jede einzelne Kleinigkeit, die wir vorhaben genau zu überdenken, anstatt auf unser Herz und Bauchgefühl zu hören und einfach unsere Träume zu verwirklichen.

Wir hören lieber auf die vernünftige und oftmals auch bescheidene Stimme in unserem Kopf, anstatt an uns zu glauben und einfach das zu tun, was wir uns insgeheim wünschen. Doch während wir von unseren Ängsten ausgebremst werden, ist zu der selben Zeit jemand da draußen, der mutig genug ist, das zu tun, was wir verzweifelt versuchen zu vermeiden.

Wenn wir nur etwas mehr Vertrauen hätten, dass sich

die Dinge für uns gut entwickeln und wir dazu auch mehr Vertrauen in uns selbst hätten, dann wären viele Dinge möglich, von denen wir glauben, dass sie unmöglich seien.

Wir sollten einfach Risiken und Ungewissheiten annehmen und sie als Motivation nutzen, um uns dahin zu bringen, wo wir hinwollen, anstatt davor Angst zu haben. Wie es doch so schön heißt:

Alles was du willst, wartet auf der anderen Seite der Angst.

Wir müssen von der ungesunden Angewohnheit loslassen, uns immer irgendwelche Gründe auszudenken, warum etwas nicht funktionieren könnte, nur weil wir Angst vor dem Resultat haben.

Mal zu versagen kann sehr gesund sein, auch wenn sich das jetzt unlogisch anhört. Viele sind schon gescheitert und haben aus ihren Fehlern gelernt und es dann besser gemacht.

Etwas von Beginn an nicht perfekt zu beherrschen, sollte nicht direkt eine negative Einstellung herbeiführen. Man kann die Angst auch als Bestärkung für sein Vorhaben nutzen.

Und am wichtigsten: Wir sollten uns von der Zeitspanne, wo wir gerade sind, bis hin zu unserem nächsten Ziel inspirieren lassen. Es gibt nämlich auf diesem Weg viel zu lernen. Und was wäre das Ziel schon wert, wenn wir den Weg dahin überspringen könnten. Dies ist mein Versuch, euch dazu zu motivieren, euren überaktiven Verstand nicht eure Träume versauen zu lassen.

Hier nur fünf Gründe, die schon ausreichen sollten, warum Zweifel mehr Träume killen, als es Versagen jemals könnte:

Dir einzureden, dass du nicht gut genug bist

Es ist so viel einfacher uns über unsere Schwächen im Klaren zu sein, als über unsere Stärken.

Wir analysieren und prüfen uns konstant, weil es das ist, was wir am besten können.

Unser Potenzial anzuzweifeln erlaubt es unserem Abwehrmechanismus einzuschreiten, was folglich dazu führt, dass wir es erst gar nicht versuchen. Warum? Na wenn wir es nicht versuchen, können wir auch nicht scheitern. Was sich nach Logik anhört, ist einfach nur eine dumme und bequeme Entschuldigung.

Dir darüber Sorgen machen, dass Leute dein Selbstbewusstsein als Arroganz interpretieren könnten

In unserem Zeitalter ist alles schneller und auf Wettbewerb ausgelegt. Egal ob Lifestyle, Schulnoten oder die Karriere.

Viele von uns haben Träume und tun auch viel dafür, um sie zu erreichen. Oft wird aber Ehrgeiz als Arroganz abgestempelt. Wir werden für fast alles verurteilt, was wir tun.

Es ist absolut nichts falsch daran, zu wissen worin man gut ist. Mach dir also nichts aus Leuten, die zu viel Zeit haben und über dich reden und dich verurteilen.

Sie reden und verurteilen auch noch zig andere Menschen.

Dich mit weniger zufrieden zu geben, als du eigentlich willst

Ich bin ja schon ein Fan von "go with the flow". Es ist ein schönes Gefühl wenn alles ganz einfach funktioniert. Es gibt aber auch noch einen ganz anderen Flow. Den Flow, wenn du dabei bist deine Träume zu verwirklichen. Dahinter steckt erst einmal viel Arbeit. In manchen Momenten läuft dann aber alles ganz fließend und automatisch ab – so, als ob du genau das schon immer hättest machen sollen.

Es ist einschüchternd etwas ganz neues zu machen und die Angst im Nacken zu haben, dabei zu versagen. Aber worin liegt der Sinn, sich mit weniger zufrieden zu geben, als wir eigentlich können und wollen?

Wenn wir nicht unsere Grenzen überschreiten und unsere Komfortzone verlassen, erklären wir uns damit einverstanden, ein nicht erfüllendes Leben zu führen, was wir früher oder später eh bereuen werden.

Anstatt uns für den angeblich sicheren Plan zu entscheiden, sollten wir gerade unsere Angst als treibende Kraft nutzen.

Es ist ein unglaublich tolles Gefühl, etwas gemacht zu haben, wovor wir vorher tierisch Angst hatten. Und diesen Schritt zu wagen und diese Angst hinter sich zu lassen, wird immer belohnt.

Andere nicht enttäuschen zu wollen

Die Karten offen auf den Tisch zu legen und Leuten von unseren Plänen zu erzählen, hat auch einen bitteren Nachgeschmack, wenn der Plan dann doch nicht so aufgeht, wie wir es uns vorgestellt hatten.

Aber den wirklich wichtigen Menschen in deinem Leben macht das nichts aus. Und denen es etwas ausmacht, sind vielleicht doch nicht so wichtig. Echte Freunde unterstützen dich, egal ob du gerade fliegst oder fällst.

Es ist auch ermutigend, Freunde um dich herum zu haben, denen du von deinen Ideen erzählen kannst, die dich dann dabei noch pushen, herausfordern und dazu inspirieren, weiter zu wachsen und zu einer besseren Version deiner selbst zu werden.

Angst davor zu versagen

Angst zu haben ist bloß eine Emotion – ein momentaner Gemütszustand. Wir sind dazu in der Lage unsere Gedanken zu kontrollieren. Auch wenn es nicht immer einfach ist. Wir haben also nur Angst vor dem Versagen, wenn wir uns das auch einreden.

Nicht alles läuft nach Plan. Vieles sogar nicht. Aber das ist auch gut so und macht das Leben interessant. Trotzdem sollten wir der Angst nicht die Macht geben, über unser Leben zu bestimmen und Entscheidungen treffen, die sich bequemer und sicherer anfühlen. Zu bereuen, etwas nicht gemacht zu haben, ist eines der übelsten Gefühle, die es gibt. Wenn wir aber an uns glauben und unser Herz und viel Arbeit in etwas stecken, dann gibt es keinen realen Grund für Zweifel.

Natürlich kann dir keiner die Garantie geben, dass dein Vorhaben reibungslos verläuft. Doch wirst du es garantiert bereuen, wenn du es nicht versuchst!

HINFALLEN UND AUFSTEHEN

Als ich dieses Unterkapitel schrieb, saß ich gerade in einem wunderschönen Café am Strand auf Bali und beobachtete die Surfer, wie sie eine Welle nach der anderen gekonnt nahmen. So manche riss es vom Surfboard, aber nach einer kurzen Weile standen sie wieder drauf und surften weiter. Genauso wie die Surfer mit den Wellen spielend umgehen, sollten wir eigentlich das ganze Leben sehen und dementsprechend mit Krisen umgehen.

Du kannst die Wellen nicht stoppen. Du kannst aber lernen zu surfen.

Das Leben ist nicht immer fair oder einfach. Manchmal erwischt es uns eiskalt und hinterhältig. In diesen Situationen fragen wir uns dann, was der Scheiß schon wieder soll. Da es aber aus jeder Situation etwas zu lernen gibt und wir Menschen uns eh schnell langweilen, wenn alles immer glatt läuft, macht das alles schon irgendwie Sinn.

Wenn es keine Rückschläge gäbe und das ganze Leben locker flockig verlaufen würde, wir uns niemals bemühen müssten und uns das Leben niemals auf die Probe stellen würde, könnten wir auch niemals wachsen und uns verändern. Wir könnten auch nicht stärker werden. Wenn es immer nur schön und einfach wäre, wären wir verdammt schnell gelangweilt. Wenn es niemals regnen würde, wäre die Freude über Sonnenschein eher begrenzt. Auch wenn der Regen in Deutschland manchmal etwas übertreibt.

Wir können also schon irgendwie dankbar dafür sein, dass das Leben manchmal wie ein Kampf ausarten kann. Wenn du im Hinterkopf behältst, dass nur tote Fische mit dem Strom schwimmen, macht es die ganze Sache auch etwas einfacher. Es gibt Zeiten, in denen es verdammt anstrengend sein wird flussaufwärts zu schwimmen und wir gegen Wasserfälle, Dämme oder reißende Ströme ankämpfen müssen. In diesen Momenten haben wir aber keine Wahl. Wir haben die Möglichkeit zu schwimmen oder fortgeschwemmt zu werden.

Jeder Rückschlag kann als Chance zur Verbesserung gesehen werden. Diese Erfahrungen machen uns stärker und nicht schwächer. Du wirst nur mit so viel belastet, wie viel du auch ertragen kannst, auch wenn es manchmal so erscheint, als ob es viel mehr wäre. Und natürlich wird niemals der Zeitpunkt kommen, an dem es nie wieder Rückschläge geben wird. Es gibt aber zwischendurch Pausen – Stauwasser, in dem wir uns für eine Weile ausruhen und einfach nur den Moment genießen können.

Und das ist, was das Leben ist – so wie es sein sollte: eine Serie von Höhen und Tiefen. Und egal in welcher Situation du dich gerade befindest, es ändert sich eh wieder. Wie schon Charlie Chaplin so schön sagte:

„Nichts in dieser Welt ist von Dauer. Nicht einmal deine Sorgen."

Bei jedem Menschen wird das Ausdauervermögen auf unterschiedlichste Art und Weise auf die Probe gestellt. Und genau um die Ausdauer geht es bei all dem. Fehler kann man korrigieren. Aber wenn man aufgibt, ist es vorbei. Glückliche und erfolgreiche Menschen wissen, dass es nur Lektionen sind und dass das Leben nun mal so funktioniert und wir es ändern können.

Wer sich in schweren Zeiten aufgibt, hat schon verloren. Wir können viele Fehler machen und auch auch viele Probleme haben – die kann man aber lösen. Wenn wir aber aufgeben, sind wir ein toter Fisch. Wer seinen

Traum aufgibt, wird wahrscheinlich nie wieder anfangen zu träumen. Und wer seinen Traum aufgibt, ist auch nicht mehr lebendig.

Regnet es gerade oder scheint die Sonne? Bist du am Lernen oder Genießen? Bist du ein toter Fisch oder gesunder Lachs?

Es ist so wichtig in Bewegung zu bleiben. Egal wie klein die Bewegung auch sein mag – bleib nicht stehen und erstarre, sondern geh...oder schwimm!

ROUTINE IST TÖDLICH

Was zerstört die meisten Träume nach unseren Zweifeln? Die Routine.

Man gewöhnt sich an etwas. Beherrscht es. Man weiß, was einen jeden Tag erwartet. Wozu etwas neues lernen oder ausprobieren? Es ist ja bequem so wie es ist und beinhaltet kein Risiko.

Ist dir mal aufgefallen, dass wir alle glauben, dass die Zeit immer schneller rennt, je älter wir werden? Als Kind konnten wir uns an viele unserer Erlebnisse kaum erinnern, da einfach sehr viel passiert ist. Dann wurden wir älter, entwickelten unsere täglichen Routinen – wir gehen arbeiten, ins Fitnessstudio, in unser Lieblingsrestaurant und schauen unsere Lieblingsserien. Wir bestellen unsere Lieblingsvorspeise und zur Arbeit nehmen wir jeden Tag den selben Weg. Und immer wieder scheint es dir, als ob dein Leben immer schneller und schneller an dir vorbeizieht.

Du wirst älter und weißt, wie die gängigen Muster des Lebens funktionieren. Den Schulabschluss machen, studieren oder eine Ausbildung machen, Geld verdienen, Kinder großziehen, ein Auto kaufen, mit dem du jeden Tag zur Arbeit fährst. Und nichts daran ist schlecht, nur hat unser Gehirn die Routine schnell raus und dadurch ist die Faszination des Lebens schnell weg. Routine macht alt, Flexibilität geht verloren und die Neugier wird ausgelöscht.

Es gibt einen guten Grund dafür, dass die Zeit immer schneller rennt. Es hat aber nichts mit unserem Alter zu tun. Als Kind sahen wir die Welt immer wieder mit anderen Augen, mit jeder neuen Erfahrung, die wir machten. Wir waren aber auch immer auf der Suche nach neuen Erlebnissen. Jede neue Erfahrung hinterlässt einen Abdruck in unserem Leben, die als Erinnerung in unserem Kopf abgespeichert wird. Umso mehr wir erleben, desto mehr Erinnerungen haben wir zu unserem Leben.

Als wir älter wurden und berufstätig werden mussten, wurde das Leben zu einer Routine. Wir fahren jeden Tag mit dem selben Auto über die selben Straßen, zu dem selben Arbeitsplatz. Wir haben die selben Abläufe im Fitnessstudio, bestellen unseren Kaffee immer in dem selben Café. Routinen bieten Komfort und Bequemlichkeit, nur kreieren sie keine einmaligen und besonderen Erinnerungen. Tage, Wochen, Monate und sogar Jahre vermischen sich in einer einzigen Erinnerung, die uns dann das bange Gefühl gibt, dass wir nicht das Leben leben, das wir eigentlich leben sollten und uns insgeheim auch wünschen.

Die elende Routine, eine der gefährlichsten Gifte für jedermanns Träume, Hoffnungen und Sehnsüchte lähmt Menschen. Sie nimmt dir jegliche Neugier, macht dich träge. Keiner ist vor ihr gefreit.

Abenteuer sind vielleicht gefährlich, Routine ist aber tödlich.

Wie du der Routine entkommst

Wenn wir Neues erleben und daraus einmalige Erinnerungen kreieren, können wir unser Leben entschleunigen. Schon indem du eine neue Strecke zur Arbeit nimmst, neue Restaurants ausprobierst, neue Menschen triffst und generell nach neuen Erlebnissen suchst, wird sich einiges ändern. Am signifikantesten kannst du etwas verändern, wenn du zu Möglichkeiten, die sich ergeben, einfach ja sagst. Wenn dich eine fremde Person zum Abendessen einlädt, sag ja. Wenn dich Bekannte oder Freunde fragen, ob du auf eine Reise mitkommen willst, sag zu. Nutze die Möglichkeiten, die dir neue und unvergessliche Erfahrungen bieten können. Wenn du das tust, kreierst du Erinnerungen, die dir nicht das Gefühl geben, dass dein Leben nur an dir vorbeizieht. Du lebst dein Leben dann wirklich.

Ich glaube, dass jeder, der sich der Schwerkraft der Routine widersetzt, sich traut Dinge anders zu machen als gewohnt, auch dafür belohnt wird!

Für alle Dinge im Leben wollen wir eine Garantie haben. Alles soll so sicher wie nur möglich sein und kaum Risiko beinhalten. Was unsicher sein könnte, wird gern gemieden und somit auch viele wahrhaft schönen Dinge, die das Leben zu bieten hat. Und dabei sind oftmals Dinge, die so unsicher zu sein scheinen, nur unsicher in unseren Köpfen. Wir suchen Sicherheit in der Ehe, in Beziehungen und im Beruf. Wir schließen Versicherungen ab, die uns Sicherheiten geben.

Die Qualität des Lebens nimmt immer mehr ab. Dafür nimmt die Länge des Lebens zu.

Die Medien spielen dabei eine sehr große Rolle, unseren Sicherheitswahn so extrem wie nur möglich auszuweiten. Sie verkaufen uns täglich Bilder von einer Welt, voller Risiken und Gefahren. Die schönen Seiten werden dabei seltener gezeigt. Angst verkauft sich halt besser, als eine schöne heile Welt. Und somit schwappt der Wahn auf alle Ebenen über, die das Leben zu bieten hat.

Es gibt keine Sicherheiten zwischen Menschen

Wir gehen Beziehungen ein, mit dem Hintergedanken, dass es für immer hält und eine sichere Nummer ist. Wie soll Sicherheit zwischen Menschen funktionieren? Wir verändern uns stetig, lernen neue Menschen kennen und erleben immer wieder Dinge, die uns prägen. Anstatt also den gegenwärtigen Moment zu genießen, schwelgen wir gedanklich lieber in der Zukunft.

Natürlich ist es etwas wunderschönes, mit der Person, die man liebt seine Zukunft zu planen und mit der Person auch alt werden zu wollen. Aber bitte nicht, weil der Partner eine sichere Nummer ist. Zwischen Menschen gibt es keine Sicherheiten.

Du kannst dein Leben durch Versicherungen nicht absichern

Wir schließen Lebensversicherungen ab, um unser Leben abzusichern!

Ernsthaft? Wie kann man sein Leben absichern? Viele von uns haben zig Versicherungen. Von einer Handyversicherung, über eine Versicherung für die Einrichtung, die Brille und das Reisegepäck. Es wird uns ja auch täglich weiß gemacht, dass wir all diese Absicherungen brauchen.

Statistisch gesehen hat jeder Deutsche fünf bis sechs Versicherungen, rund 457 Millionen Versicherungspolicen! Versicherungsgesellschaften sind natürlich auch sehr kreativ, wenn es darum geht neue Produkte zu kreieren und diese auch zu vermarkten.

Nachdem meine Eltern letztes Jahr ihren Papierkram durchgingen und sie realisierten, wie viele Versicherungen sie haben, musste ich lachen. Ich besitze seit meinem fünften Lebensjahr eine Sterbegeldversicherung. Dazu muss nicht mehr gesagt werden.

Das Leben kann auch durch zehn weitere Versicherungen nicht abgesichert werden.

Die Berufswahl mit Zukunft

„Das ist ein sicherer Job. Dann musst du dir nie wieder Sorgen machen!“ Gibt es heutzutage noch einen sicheren Job? Leben wir nicht in einer unsicheren Zeit, in der uns nichts garantiert werden kann?

Vielleicht ist der unsichere Job, der viel aufregendere und erfüllendere und somit ein Garant für ein glückliches Leben. Vielleicht bringt dir der „sichere Job“ ein besseres Einkommen, langweilt dich dafür aber zu Tode. Es gibt aber auch Menschen, bei denen Leidenschaft auf Geld trifft. Einfach nur weil sie wissen, dass es möglich ist beides miteinander zu vereinen. Meiner Meinung nach gibt es nichts sichereres als seiner Leidenschaft zu folgen. Selbst in schlechten Zeiten wird man dann noch den Ansporn und die Kreativität besitzen sich immer wieder aufzurappeln und dem nachzugehen, wofür man bestimmt ist.

Die Sache mit der Bildung

Was ich mir alles während der Schulzeit und während des Studiums anhören musste. Dazu muss ich aber auch sagen, dass ich eine miserable Schülerin und Studentin war.

Ich wurde von vielen kritisiert, da es mir als Anreiz einfach nicht ausreichte, durch gute Noten einen sicheren Job zu ergattern. Aber selbst das funktioniert nicht mehr. Ich kenne genug, die nach dem Studium keinen Job gefunden haben oder sehr unzufrieden mit dem Job sind. Natürlich gibt es auch diejenigen, die zufrieden mit ihren Jobs und ihrem Leben sind. Eine Ausbildung oder ein Studium sollte mit der richtigen Intention ausgesucht werden und nicht mit dem Vorwand, später Arbeit zu finden. Ein Studium gibt dir keine Garantie auf einen sicheren Job und einem Haufen Kohle. Wenn du aber weißt, was du willst und was dir Spaß macht, lässt es sich bestimmt mit einer Ausbildung oder einem Studium kombinieren. Und falls das nicht der Fall sein sollte, machst du dich halt selbstständig.

Wie können wir das Leben noch genießen, wenn wir alles nur noch absichern wollen? Wäre es nicht langweilig, zu wissen, wie das Leben verläuft? Macht ein wenig Risiko das Leben nicht erst aufregend?

Wir haben es geschafft, dem Leben mehr Jahre zu geben. Dafür aber nicht mehr Leben. Wir haben mehr Jahre, aber weniger Leben.

Für nichts im Leben gibt es eine Garantie.
Außer für den eigenen Tod.
Und wenn du eine Garantie haben willst, d
ann kauf dir einen Toaster!
– Clint Eastwood

Alle Sicherheiten, die uns verkauft werden, sind nur Scheinsicherheiten. Im Job können wir gekündigt werden. Familien und Beziehungen brechen auch auseinander. Häuser und Wohnungen müssen verkauft werden. All das sind von Menschen geschaffene Scheinsicherheiten.

Was machst du, wenn du deine Sicherheiten verlierst?

Das ganze Leben kann sich dadurch ändern. Ein Gefühl von Hilflosigkeit kann aufkommen, aber das ist normal. Oft wird dann nach der nächsten Sicherheit gesucht. Natürlich wieder eine Scheinsicherheit, denn unsere Gesellschaft ist genau darauf aufgebaut. Wir haben ständig Angst davor diese Sicherheiten zu verlieren und genau dieses Sicherheitsbedürfnis hindert uns am Leben. Ein Mensch, der nichts mehr zu verlieren hat, hat diese Angst nicht.

Wie kannst du diese Angst überwinden?

Freiheit können wir nur in uns selbst finden. Betrachte deine Ängste genauer und überwinde sie. Denn wenn du mal genauer über Sicherheiten nachdenkst, wirst du merken, dass wir alle Angst vor dem Tod haben, obwohl es das sicherste in unserem Leben ist. Keiner kommt drum herum. Nur wissen wir alle nicht, was danach passiert.

Denk mal über alte Ängste nach, die du schon überwunden hast. Waren sie nicht meistens unbegründet?

WAS IM LEBEN WIRKLICH ZÄHLT

Da sitze ich nun, habe eine 34-stündige Reise und 22 Stunden im Flieger hinter mir. Und wieder hat mein Reisepass neue Stempel und mein Facebook Account neue „Freunde". Und genau diese Dinge sind genauso wichtig, wie das neuste Auto und die teuerste Kleidung - sie sind irrelevant. Das Reisen kann sehr schnell genauso ausarten wie andere Formen von Konsum, wenn man dabei vergisst, dass es um die Erfahrungen geht, die einen reicher machen und nichts anderes.

Es ist alles das Selbe, nur in einem anderen Kostüm.

Gleichzeitig hab' ich aber auch wieder ein paar tolle Menschen kennengelernt, die ich gerne wiedersehen würde und auch sechs Wochen in Australien bei einer sehr guten Freundin verbracht. Das sind die Dinge, die zählen. Und natürlich ist es auch wertvoll, neue Orte und Länder zu sehen, neue Erfahrungen zu machen und daran zu wachsen. Doch macht es absolut keinen Sinn von einem Ort zum nächsten zu hetzen um ein paar Fotos zu schießen, weshalb ich inzwischen immer öfter lange an einem Ort bleibe. Natürlich geht sowas nicht immer. Manchmal hat man einfach nicht soviel Zeit. Aber auch da ist es dann besser, weniger zu sehen und den Ort und die Menschen kennenzulernen, anstatt erst gar kein Gefühl dafür zu bekommen.

Beim Bloggen geht's um die Zahlen. Je höher die Besucherzahlen auf Modern Hippie, die Likes und Follower, umso besser. Bestenfalls ist man auch noch auf allen Social Media Kanälen vertreten und macht den ganzen Tag lang nichts anderes mehr, als in der virtuellen Welt unterwegs zu sein. Ich mag Instagram und Facebook, dennoch verliert all das aber gerade ganz extrem an Wert für mich. Natürlich freue ich mich über jeden Leser, über Emails, die mich berühren und auch über konstruktive Kritik. Dennoch sollten wir nicht vergessen, dass auch eine Welt außerhalb des Internets existiert, die viel mehr wert ist.

Hier zu sein zählt. Ein guter Mensch zu sein zählt. Seine Mitmenschen mit Respekt zu behandeln zählt. Die neueste Technologie zu besitzen zählt nicht. Sorry, ich bin kein großer Technologiefan, obwohl ich es vielleicht in meiner Branche sein sollte. Natürlich bin ich froh mein Notebook und Smartphone zu besitzen. Ich sehe sie aber einfach nur als nützliche Gegenstände und habe keine anderen Gründe, warum ich sie besitze. Wer meinen Blog kennt, wird sich wahrscheinlich jetzt denken: „Aha.. deshalb benutzt sie ein MacBook." Tatsächlich benutze ich es, weil es robuster und intuitiver ist und ich es nicht so schnell kaputt kriege. Vor meinem MacBook haben es die Vorgänger nie lange überlebt.

Etwas Sinnvolles in deinem Leben zu machen zählt. Shoppen zu gehen, weil du gelangweilt bist zählt nicht. Natürlich ist es nichts Schlechtes ab und zu shoppen zu gehen, nur ist es einfach nicht wichtig. Echt zu sein oder unecht zu sein. Werte zu haben oder nicht.

Ich vermute der Sinn liegt darin, sich im Leben auf die Dinge zu konzentrieren, die dir wichtig sind und positive Veränderungen hervorrufen und sicherstellen, dass du glücklich mit der Sache bist, der du deine Zeit und dein Leben widmest.

Das heißt natürlich nicht, dass du Langzeitpläne für dein Leben haben musst, die aufs kleinste Detail durchdacht sind. Es bedeutet nur, dass du ungefähr weißt, wohin du dich bewegst und was du tust. Wach und aktiv dein

Leben mitzugestalten, anstatt zu schlafen.

Mach‘ dir mal in Ruhe Gedanken darüber, ob du genug davon in deinem Leben hast, was wirklich wichtig für dich ist. Lebst du dein Leben so, wie du es möchtest oder tust du das, was andere von dir erwarten?

Ist dir deine Karriere und Geld wichtiger als deine Freizeit und deine Freunde und die Familie?

Drückst du deine Gefühle und Wünsche richtig aus? Oder unterdrückst du sie, um anderen einen Gefallen zu tun?

Erlaubst du dir glücklich zu sein oder stehen Verpflichtungen im Vordergrund?

Es gibt ein paar Dinge im Leben, die wichtig sind und ganz viele andere, die es nicht sind. Es zählt, dass du die Dinge tust, die dich glücklich machen und du dich mit Menschen umgibst, die dir wichtig sind und die du liebst. Das sind auf jeden Fall die wichtigsten Dinge in meinem Leben. Und was zählt für dich?

VERGIB' DIR UND ANDEREN

Menschen machen Fehler. Meistens sind es unüberlegte und nicht persönlich gemeinte Fehler. Manchmal wissen wir einfach nicht, was wir tun. Wenn Menschen dich in der Vergangenheit verletzt haben, war es höchstwahrscheinlich nicht deswegen, weil sie gemein zu dir sein wollten, sondern weil sie naiv und dumm waren, wie wir es alle manchmal sind. Wir alle wurden schon mal verletzt, als mit uns unschön Schluss gemacht wurde, wie wir vielleicht großgezogen wurden oder auch zig andere Dinge, die uns verletzt haben. Wir alle werden im Leben immer mal wieder verletzt und verletzen auch andere mit unseren Worten und Handlungen.

Nur liegt es meistens in der Vergangenheit und macht deshalb keinen Sinn dort zu verweilen, anderen die Schuld für irgendetwas zu geben, wenn es einen nicht weiterbringt. Es gibt Menschen, für die es bequem ist in der Opferrolle zu sein. Die Verantwortung über das eigene Wohlbefinden wird dadurch automatisch von sich gewiesen und alles auf andere geschoben. Aber was bringt das einem, außer dass man sich das Leben nur schwer macht und nicht nach vorne schaut? Alle Erfahrungen sind für etwas gut. Sie formen uns und machen uns stärker.

Vergib' anderen

Als ich 2006 meinen Autounfall hatte, wurde dieser durch einen LKW-Fahrer verschuldet, der auch noch Fahrerflucht beging. Er fuhr einfach weiter, ohne zu wissen ob ich noch am Leben war oder nicht. Ich war aber keine einzige Sekunde sauer auf diesen Mann. Er hat wahrscheinlich eine Familie zu ernähren und hatte Angst seinen Job zu verlieren, oder auch andere Gründe, die ich nie erfahren werde. Ich hab' für mich einfach nur sofort realisiert, dass es absolut keinen Sinn macht Hass oder Wut zu empfinden. Ich schade doch letztendlich nur mir selbst damit und nicht ihm. Außerdem macht jeder von uns Fehler und möchte dafür auch nicht gehasst werden.

Auch wenn ich auf meine Kindheit zurückblicke, hätte ich mir gewünscht, dass meine Eltern mehr Zeit für mich gehabt hätten. Als Teenager habe ich ihnen auch viele Vorwürfe gemacht, da es mich einfach enttäuschte. Heute weiß ich, dass jeder Mensch anders ist und sie ihr Bestes gegeben haben. Sie waren dabei ihre Existenz aufzubauen, was viel Kraft und Zeit gekostet hat. Wäre das nicht so gewesen, wüsste ich auch heute nicht, dass ich nicht so hart arbeiten möchte und dass mir meine Freizeit und mein Leben wichtiger sind als Geld. Gleichzeitig haben mir meine Eltern auch sehr viel ermöglicht, was ich selbst hätte nicht so ohne weiteres machen können. Also selbst für diese Erfahrung kann ich auf eine gewisse Art und Weise dankbar sein.

Hass und Wut gegen eine andere Person blockiert unsere Energie, raubt uns dazu noch Glück und Frieden und ist eine der Hauptursachen für psychosomatische Krankheiten. Du wirst dich persönlich nicht weiterentwickeln können, wenn du diese negativen Gefühle mit dir herumträgst. Diese Gefühle richten sich gegen dich selbst, machen dir das Leben schwer und verkürzen es sogar. Es ist sicherlich nicht immer leicht zu vergeben – je nachdem, was vorgefallen ist aber Hassgefühlen nachzugehen sollte sicherlich nicht zu unserem Lebensinhalt gehören.

Vergib' dir selbst

Ich habe mich letztens dazu entschlossen einem alten Bekannten eine Email zu schreiben, in der ich mich bei im entschuldigte. Mit ihm erlebte ich vor ein paar Jahren eine extreme Zeit, während wir wochenlang durch Deutschland, Österreich und die Schweiz reisten und im Auto schliefen. Wir verbrachten mehrere Wochen rund um die Uhr Zeit miteinander, schliefen auf engsten Raum und duschten an Raststätten und das im Oktober. An sich eine verdammt coole Erfahrung, doch mutierte ich nach einer Weile zu einer unausstehlichen Furie, die ihn einfach nur noch loswerden wollte. Wir kamen daraufhin gar nicht mehr miteinander zurecht, was zum größten Teil meine Schuld war. Dass ich mich so verhalten habe, ließ mich aber nicht los. Deshalb habe ich mich dazu entschlossen, mir selbst zu verzeihen und mich bei ihm zu entschuldigen. Sicherlich gibt es noch viel mehr Menschen, denen ich schon wehgetan habe und die mir auch wehgetan haben. Das ist normal und gehört zum Leben dazu. Es ist nur wichtig, sich selbst und auch anderen zu verzeihen.

Jeder von uns macht Fehler, denn keiner von uns ist perfekt und wird es sicherlich auch nie werden. Wir werden immer Fehler machen und das ist auch gut so, da wir sonst persönlich nicht wachsen könnten. Genauso, wie wir anderen ihre Fehler verzeihen, sollten wir uns auch selbst verzeihen. Wenn wir uns nicht selbst vergeben, können wir sogar daran zerbrechen. Wir können das aber auch als Begründung für unseren Stillstand nutzen, was dann aber ein Anzeichen für einen schwachen Charakter ist. Wir sollten unseren Fehlern nicht die Macht über unser Leben geben. Die Fehler, die wir gemacht haben und auch noch machen werden, formen uns und bringen uns im Leben dahin, wo wir sein sollen.

Vergib' dir, deinen Eltern, deinem Partner, deinen Freunden und allen anderen Menschen, die dir wehgetan haben. Wenn du das nicht tust, wirst du immer diese Schwere spüren, die dich runterzieht anstatt mit Leichtigkeit die Gegenwart zu genießen und deine Zukunft zu planen. Beim Vergeben geht es auch nur um dich und nicht um die Person, die dir Schlimmes angetan hat. Es geht nur um deinen Seelenfrieden und um deine Zukunft.

Wenn wir jemandem die Schuld für unsere Probleme geben, geben wir dieser Person auch gleichzeitig die Macht über uns. Solange wir andere für unsere Lebenssituation verantwortlich machen, blockieren wir uns nur selbst und übernehmen keine Verantwortung für unser Leben.

Zu vergeben und loszulassen ist die Voraussetzung für Glück und inneren Frieden.

LASSE LOS, UM PLATZ FÜR NEUES ZU SCHAFFEN

Als ich Ende 2014 in Chiang Mai war, nahm ich am Loi Krathong teil. Loi Krathong ist ein Lichterfest, das in Thailand im zwölften Monat des traditionellen Lunisolarkalenders bei Vollmond gefeiert wird. Gewöhnlich fällt es in den November.

Es werden selbstgebastelte Schiffchen auf den Fluss gesetzt und dabei Ärger, Sorgen und alles Negative aus dem vergangenen Jahr hinuntergespült. Der Schwerpunkt des Festivals liegt ganz klar beim Loslassen!

Nachdem jeder sein Schiffchen auf den Fluss gesetzt hat, werden noch Laternen angezündet und in die Luft geschickt, die das Loslassen noch bestärken sollen.

Ein unglaublich schönes und wichtiges Fest, wie ich finde. Es ist so wichtig und befreiend, die Vergangenheit hinter sich zu lassen und positiv in die Zukunft zu schauen. Es macht leicht und unbeschwert. Dennoch ist das Loslassen der Vergangenheit und von Menschen, die einem am Herzen liegen, einer der schwierigsten Parts in unserem Leben.

Warum Loslassen aber so wichtig für uns ist:

Aufräumen und Platz für Neues schaffen

Loslassen gleicht Aufräumen auf eine Gewisse Art und Weise. Wenn du zu viele Dinge unsystematisch anhäufst, greift es deinen Körper und Geist an.

Dein Bewusstsein kommt zwar mit dem ganzen Müll irgendwie klar, dein Unterbewusstsein aber leider nicht! Es wird dich immer wieder daran erinnern, dass da noch Dinge unerledigt sind und darauf warten erledigt zu werden.

Ohne Loslassen gibt es keine Weiterentwicklung

Wenn du an Dingen festhältst, die nicht gut für ich sind, lähmt es dich nur und hindert dich daran, dich weiterzuentwickeln und dein Potenzial voll auszuschöpfen. Sobald du loslässt, kommst du zur Ruhe und wächst dann auch dadurch.

Wir verändern uns stetig

Leben bedeutet Wandel! Wir wandeln uns und das Leben auch. Oder sagen wir eher: das Leben lässt uns wandeln! Das bedeutet, dass du dich im Laufe deines Lebens immer wieder von Menschen und Orten, sowie von Gedanken und Wünschen verabschieden musst. Flexibilität ist also das A und O!

Mehr Lebensenergie

Wer an Dingen festhält, die eigentlich schon längst aufgegeben und verloren sind – also zur Vergangenheit gehören – der raubt sich ganz bewusst Lebensenergie. Wenn du deine volle Lebensenergie zurückgewinnen willst, ist Loslassen deine einzige Chance!

Beseitige Druck und Erwartungen

Bei dem einen sind es zu hohe Erwartungen an sich selbst, die einen verkrampfen und scheitern lassen, bei dem anderen sind es wiederum die Erwartungen und Anspruche der Familie oder des Partners.

Druck kann auch entstehen, wenn du dich Problemen nicht stellst, du unangenehmen Dingen und Situationen dauerhaft ausweichst oder wenn zwischenmenschliche Konflikte wachsen und diese nicht angegangen werden.

Das Schlimmste ist aber, wenn du Verlust, Schmerz und Trauer ignorierst und verdrängst. Wenn du so etwas nicht verarbeitest, werden die Narben nur tiefer und lassen sich nur schwerer wieder auflösen.

Deine Träume leben

Wie willst du deine Träume leben, wenn du nichts in deinem Kopf und in deinem Leben veränderst? Wenn du an alten Dingen festhältst, die dir schaden oder dich nicht weiterbringen, wird sich auch niemals etwas für dich ändern. Nicht umsonst gibt es das Sprichwort:

„Wenn du etwas haben willst, was du noch nie hattest, musst du etwas tun, dass du noch nie getan hast.“

Wann es Sinn macht Menschen loszulassen

Manchmal halten wir an Freunden, Bekanntschaften oder Liebesbeziehungen fest, die in der Realität nicht funktionieren.

Manche Menschen kreuzen nur unseren Weg, damit wir etwas lernen und nicht damit sie uns weiterhin begleiten.

Ich hatte schon Menschen in meinem Leben, die mir all meine Schwachstellen ersichtlich gemacht haben.

Jeden Tag, jede Stunde eine andere. So lange, bis alle Punkte regelrecht wund waren. Von Ärger, Wut. bis hin zu Enttäuschung und Ablehnung war alles dabei. Das heißt nicht, dass diese Personen einen weiterhin begleiten sollten. Du kannst diese Erfahrung aber als eine Art Spiegel sehen. Du kannst deine wunden Punkte ganz deutlich wahrnehmen und dich fragen, warum du darauf so reagierst.

Es gibt Menschen, die einem mehr schaden als gut tun. Es macht Sinn aus der Erfahrung und den plötzlich sichtbaren und spürbaren Wunden zu lernen und sich zu fragen, warum es weh tut. Die daraus resultierende Antwort ist nicht immer angenehm. Sie bringt uns im Leben aber weiter. Weiter als angenehme und einfache Erfahrungen. Meistens ist es nur ein Hinweis dafür, dass da in uns etwas geklärt werden muss.

Soviel Wut manche Menschen auch in uns auslösen können, es ist unsere Unordnung, sowie unsere Probleme. Wenn wir andere Personen für unsere Wut verantwortlich machen, stellen wir uns als Opfer dar und verurteilen die anderen, anstatt an uns zu arbeiten.

Solange wir nicht in uns aufräumen, werden solche Menschen häufig unseren Weg kreuzen. Bis wir endlich Verantwortung für unsere Gefühlswelt übernehmen.

Letztendlich sollten wir vielleicht sogar dankbar dafür sein, dass ausgerechnet diese Menschen unseren Weg kreuzen.

Denn durch diese Erfahrungen finden wir nur schneller zu uns selbst. Es wird uns ersichtlicher, wer wir sind, was wir von diesem Leben wollen und was nicht.

ÜBERNIMM' VERANTWORTUNG

Ein großes Problem, das viele von uns haben, ist, dass wir andere für unsere Probleme verantwortlich machen. Wenn etwas schlecht läuft sind die Eltern, der Partner, die Kinder, der Chef, die Wirtschaftslage oder die Gesundheit daran schuld. Alle tragen immer die Schuld, nur nicht wir selbst. Wir bemitleiden uns dann gerne selbst, da sich die Welt gegen uns verschworen hat und wir einfach nicht weiterkommen. Daraufhin folgt dann kaum bis gar keine Handlung, aber dafür viel Selbstmitleid. Die Schuld anderen Personen zu geben zeigt aber nur, dass man nicht die Verantwortung für sein Leben übernehmen will und auch keine Kontrolle darüber hat.

Mit der Opfermentalität (schlimmes Wort, doch es trifft es auf den Punkt) kommen viele Probleme, die einem vielleicht vorerst als Vorteil erscheinen, wie die Aufmerksamkeit von der Familie, Freunden und Bekannten. Sie machen sich Sorgen und wollen helfen, merken nach einer gewissen Zeit aber, dass es eine Sackgasse ist.

Mit so einer Einstellung muss man natürlich auch keine Risiken eingehen, was einen vor Ablehnung und Versagen schützt. Genauso wird es natürlich auch mit großen Entscheidungen gehandhabt.

Und den absolut größten Vorteil, den ein Mensch in der Opferrolle (nochmal sorry wegen der Wortwahl) genießt, ist das gute Gefühl, das die Person überkommt, wenn jemand ihr auf irgendeine Weise geschadet hat und sie dabei noch recht hatte. Dann kann man sich regelrecht in Selbstmitleid suhlen und es der ganzen Welt erzählen.

Die Vorteile klingen abschreckend, oder? Hört sich nach einem kleinen Kind an, das erst noch viel über das

Leben lernen muss und jemanden braucht, der die Verantwortung übernimmt.

Ich habe selbst jahrelang die Schuld auf andere geschoben, wenn ich meinen Hintern nicht hochkriegen wollte und Ausreden brauchte. Doch irgendwann hat es einfach keinen Sinn mehr gemacht, sich so zu verhalten, da ich vorwärts kam.

Wir sind sicherlich nicht für alle Umstände verantwortlich, in denen wir uns befinden. Wir haben aber die volle Verantwortung, wie wir auf etwas reagieren und wie wir etwas interpretieren.

Du hast die volle Verantwortung über deine innere Einstellung und immer die Macht, zu entscheiden, wie du eine Situation einschätzt. Wir haben manchmal nur begrenzte Freiheiten in unserem Leben, aber die Freiheit über unsere innere Einstellung haben wir und die kann uns auch keiner nehmen.

Selbstmitleid ist mit Abstand das schädlichste nicht pharmazeutische Betäubungsmittel; es macht süchtig, beschert kurzzeitig eine Art Wohlgefühl und isoliert sein Opfer von der Wirklichkeit. - John W. Gardner

Übernimm die volle Verantwortung für dein Leben

Jeden Morgen wachen wir auf und haben die Chance uns für ein neues Leben zu entscheiden. Leider wollen wir das oftmals nur nicht wahrhaben, da wir uns sonst eingestehen müssten, dass wir keine Entschuldigung mehr für unsere Zustände haben.

Dadurch leben wir dann nicht so, wie wir es eigentlich wollen und zerstören unsere Träume. Und dabei haben wir die Wahl, entweder unsere Energie dafür aufzuwenden unseren Träumen nachzugehen oder um die eigene Versklavung zu erhalten.

Unser Leben ist, wie es ist, da wir in der Vergangenheit Entscheidungen getroffen haben, die uns in diese Richtung geführt haben. Wenn dir die Richtung nicht gefällt, dann solltest du heute Entscheidungen treffen, die dich in die Zukunft führen, die du gerne hättest.

Wie kannst du die Opfermentalität ablegen und endlich Verantwortung übernehmen?

Als allererstes musst du die oben genannten Vorteile aufgeben, was dich vielleicht erstmal innerlich etwas leer fühlen lässt, da du jede Woche viele Stunden damit verbracht hast, darüber nachzudenken und auch anderen zu erzählen, was alles im Leben für dich falsch lief und wer dich schlecht behandelt. Diese Gedanken müssten durch andere ersetzt werden, was zu Beginn nicht einfach wäre, da man es nach Jahren einfach schon verinnerlicht hat. Es ist mental so ungesund, davon abhängig zu sein, was andere über einen denken. Umzudenken ist also eine regelrechte Befreiung.

Das Selbstbewusstsein leidet natürlich auch enorm durch diese falsche Einstellung, was daran liegt, dass keine Verantwortung für das eigene Leben übernommen wird. Darunter leiden dann deine Beziehungen, Ambitionen und Ziele.

Wenn ich mich mal in der Situation erwische, dass ich mich selbst bemitleide, denke ich sofort darüber nach wofür ich eigentlich dankbar sein sollte. Das ändert sofort meine Perspektive und lässt die Situation ganz anders aussehen. Du schadest dir ja letztlich nur selbst mit dieser negativen Einstellung und den Menschen um dich herum.

Es liegt in unserer Macht, wie wir auf Situationen reagieren. Geben wir anderen die Schuld und somit auch die Macht oder übernehmen wir die volle Verantwortung für unser Leben?

Übernimm' die volle Verantwortung für dein Leben, auch wenn du nicht alles beeinflussen kannst, was sich in deinem Leben ereignet. Du hast aber immer die Macht zu entscheiden, wie du auf etwas reagierst und welche Bedeutung du diesem Ereignis gibst.

Freiheit bedeutet Verantwortlichkeit.
Das ist der Grund, weshalb die Menschen
sich vor ihr fürchten.
– Georg Bernard Shaw

Ich bin mir selbst manchmal nicht sicher, ob man einfach mit dem zufrieden sein sollte, was man hat oder ob man nach mehr streben sollte. Glücklich zu sein ist der Zustand, den alle gerne "erreichen" würden. Man ruht in sich, vertraut dem Leben und weiß, dass man seine Mitte gefunden hat.

In so einem Zustand kann man auch einfach jeden Tag zehn Stunden auf einer Parkbank verbringen und die Enten auf dem See beobachten und vor Glück und Zufriedenheit fast explodieren.

Ich würde aber behaupten, dass die meisten von uns diesen Zustand nicht erreicht haben und es auch gar nicht wollen. Auch wenn es das höchste ist, was uns widerfahren kann, Frieden und Ruhe in uns zu finden. Dennoch finde ich, dass die Leidenschaft und das Brennen für ein Ziel oder eine Vision etwas Großartiges sind!

Oft geben wir uns mit viel weniger zufrieden, als das Leben für uns zu bieten hat. Wir denken dann oft, dass dies oder jenes besser sein könnte, nur wird es das sicherlich nicht mehr, da wir ja schon so lange darauf warten und bisher nichts daraus wurde.

Also erwarten wir weniger und geben uns einfach damit zufrieden. Aber im tiefsten Inneren sieht es ganz anders aus. Dort existiert der Wunsch nämlich immer noch, nur versuchen wir ihn durch unseren Kontrollzwang und unsere Realität unbewusst zu vernichten.

Wir geben uns dann also einfach damit zufrieden, obwohl wir ganz früher hofften, dass unser Leben mit mehr Leidenschaft und Freude verläuft. Das tut es aber nicht, weil es das nicht kann. Wir geben dem Leben gar nicht die

Möglichkeit dazu.

Geben wir diese Kontrolle einfach mal ab und lassen los, geschehen Dinge, die wir niemals für möglich gehalten haben.

Sei vorsichtig dabei, wie du die Welt und dein Leben siehst. Denn genau das bekommst du auch serviert! Wenn du wenig willst und dir immer Sorgen machst, kriegst du auch wenig schönes und viele Sorgen. Wenn du aber weißt, dass dein Leben fantastisch verlaufen wird, fängst du an zu vertrauen und wirst dafür auch belohnt.

Das Leben ist voller Magie! Du darfst nur nicht aufhören daran zu glauben und darauf zu vertrauen. Manchmal dauert es halt etwas länger, als man es gerne hätte. Aber genau in dem Moment, in dem du einfach nur weißt, dass alles so verläuft, wie es soll und du es akzeptierst, verändert sich schon eine ganze Menge. Oder sogar alles. Lass‘ also los und schau, was das Leben für dich zu bieten hat.

Versuche immer auf dein Gefühl zu hören und Zeichen wahrzunehmen. Das erste Gefühl stimmt eigentlich immer, solange du nicht anfängst es mit deiner Angst zu verwechseln.

Vertraue auf dich und das Leben und du wirst belohnt. Es ist egal, ob es dabei um dich und deine Fähigkeiten geht, die große Liebe oder die Richtung, in die du gehen solltest.

Ich glaube felsenfest daran, dass wenn wir geduldig sind und dabei dem Leben einfach vertrauen, die großartigsten Dinge passieren können.

Wenn du alles kontrollierst, ist es nicht möglich. Du gibst dich dadurch letztendlich auch mit weniger zufrieden, als du haben könntest.

Glaube daran. Vertraue. Hör auf dein Gefühl. Beweg' dich in die Richtung, die sich gut anfühlt. Und du kriegst, was du schon immer wolltest!

Strebe nach mehr. Vertraue aber dabei, dass alles so läuft, wie es laufen soll. Durch Vertrauen passieren dann Dinge, die sonst nicht passieren können.

Durch Vertrauen kannst du deine Komfortzone verlassen

Wenn du vertraust, ist es viel einfacher deine Komfortzone zu verlassen. Komfortzonen lassen dich im Leben nicht wachsen, sondern sorgen dafür, dass du steckenbleibst. Komfortzonen für sehr lange Zeiträume führen zu Stagnation. Wenn du das bequeme Leben verlässt, erwartet dich ein aufregendes, abenteuerliches und inspirierendes Leben. Danach wird die Komfortzone immer unattraktiver für dich.

Durch Vertrauen kannst du wachsen

Dem Leben und dir zu vertrauen, macht es dir einfacher notwendige Risiken einzugehen, die nötig sind um zu wachsen und ein erfüllendes Leben zu führen.

Mit dem Vertrauen auf deiner Seite hast du den Mut, Dinge zu tun, vor denen du normalerweise Angst hättest.

In diesen Momenten wirst du Angst in dir spüren. Angst ist aber normal während du die nötigen Schritte für dein persönliches Wachstum gehst.

Durch das Vertrauen wirst du aber die Courage besitzen diese Risiken einzugehen, die dich zu dem Leben führen, das du haben willst.

Vertrauen zu kultivieren ist der magische Schlüssel für Wachstum und die Umsetzung von Träumen.

Vertrauen gibt dir deine Lebenskraft zurück

Wenn du in Vertrauen lebst, verschwendest du keine Energie für unnötige Sorgen und Probleme, die eventuell auftauchen könnten. Du weißt, dass, egal was passiert, es am Ende wieder gut wird und es nötig für deine Entwicklung ist.

Im Einklang mit deiner Lebenskraft zu leben, gibt dir die Möglichkeit das Geheimnis und die Magie des Lebens zu leben, sodass du wahre Freude und das pure Leben spüren kannst.

Vertrauen lässt dich transformieren und heilen

Sobald du vertraust, gibt es plötzlich keine Steine mehr die im Weg liegen und Möglichkeiten ohne Ende. Unerwartete Freundschaften, Gleichgesinnte und Verbindungen tauchen ganz plötzlich auf.

Ab dem Punkt willst du nicht mehr die Rolle des Opfers oder des Schuldigen spielen.

Du triffst Entscheidungen, die richtig für dich, dein Herz und deine Träume sind.

Diese Transformation erlaubt dir im Moment zu bleiben. Es ist ein erstaunlicher Fakt, dass viele von uns so viel Angst vor dem Tod haben, dass sie erst gar nicht anfangen zu leben. Wenn du dir aber vor Augen hältst, dass du mit deinen Gedanken deine eigene Welt kreierst, weißt du, was du für eine Macht über dein Leben besitzt.

Vertrauen bringt Gesundheit und Glück

Sobald du das Vertrauen ins Leben in dir entdeckst, fängst du an, dich selbst zu heilen und alte Muster abzulegen.

Während du das tust, fängst du an, dich wichtiger, selbstbewusster und selbstsicherer zu fühlen, was automatisch dazu führt, dass du dich besser in deinem Körper fühlst und mehr Energie hast.

Mit einem größeren Selbstbewusstsein kommen Möglichkeiten angeflogen, die immer schon da waren, du sie aber nie wahrnehmen konntest.

FINDE DEINEN
TRAUM
UND LEBE IHN

Die größte Herausforderung ist es, im Meer der Möglichkeiten die Sache finden, die deine Augen zum leuchten bringt, dich erfüllt und dein Leben auf ein ganz anderes Level hebt.

Viele Menschen sind unzufrieden und würden gerne etwas ändern. Doch wissen sie nicht was. Eine neue Partnerschaft, in eine neue Stadt ziehen oder eine Cocktailbar auf Hawaii eröffnen? Viele wagen wild in der Gegend herum, in der Hoffnung, dass dabei etwas rauskommt, das sie glücklich macht.

Menschen, die mehr vom Leben wollen, suchen nach dieser einen Sache, die sie glücklich macht und geben auch nicht auf, bevor sie es finden.

Denn sie existiert. Auch wenn es sich manchmal so anfühlt, als ob du es niemals finden wirst. Jeder von uns brennt für etwas und beherrscht etwas überdurchschnittlich gut.

Ich war selbst viele Jahre auf der Suche nach meiner Leidenschaft und war zwischendurch wirklich deprimiert und dachte, dass ich mich damit abfinden muss, ohne Leidenschaft zu leben.

Wenn wir diese eine Sache gefunden haben, wird der Weg ganz plötzlich klar und einfach. Natürlich gibt es auch Tiefen, aber es ist leichter wieder aufzustehen, um zu wachsen und noch stärker zu werden.

Ich stelle dir verschiedene Ansätze vor, die dir dabei helfen herausfinden, was du wirklich willst!

WER WARST DU, BEVOR DIR DIE GESELLSCHAFT GESAGT HAT, WER DU SEIN SOLLST?

Es ist egal, wie schnell du durchs Leben schreitest, wenn du deine Richtung nicht kennst, verläufst du dich eh.

Stell dir mal vor du rennst im Eiltempo in die falsche Richtung? Ich kenne Menschen, die das tun und das auch wissen. Der Körper und der Geist signalisieren sowas sehr schnell. Nur hören leider die wenigsten darauf.

Dann gibt es die Menschen, die als faul betitelt werden, da sie sich nicht vom Fleck bewegen. Sie wissen aber einfach nur nicht wohin. Und bevor sie in die falsche Richtung gehen, bleiben sie lieber stehen.

In was soll man auch seine Energie stecken, wenn man keine Ziele hat, die es sich zu verfolgen lohnt?

Wenn jemand nicht handelt und seine Ziele auch nicht verfolgt, dann kennt die Person ihre Leidenschaft einfach nur noch nicht. Um herauszufinden, was dich vorantreibt, nimm dir viel Zeit.

Stelle dir folgende Fragen:
Was machst du gerne?
Was könnten andere von dir lernen?
Für wen tust du es?
Was hast du, was andere brauchen?
Wie werden sie sich durch dich verändern?

Wenn du all diese Fragen beantworten kannst, weißt du mehr als 80 Prozent der Menschen! Viele studieren lange, um einen Beruf zu erlernen, ohne diesen dann letztlich zu mögen. Leider stellt sich aber kaum jemand die wirklich bedeutenden Fragen.

Denn wenn du dir diese Fragen anschaust, siehst du, dass es eigentlich um deine Mitmenschen geht. Was kannst du anderen geben? Wir alle haben eine Gabe oder ein Talent, das weitergegeben werden möchte. Die meisten glücklichen Menschen sind nach Außen gerichtet und nicht nach Innen. Sie tun das, was sie tun, um anderen etwas zu geben. Sie helfen anderen, machen ihre Mitmenschen glücklicher, vereinfachen das Leben anderer und werden dadurch selbst glücklich. Und dabei spielt es keine Rolle, ob du Menschen unterhältst, ihnen etwas beibringst, sie fit hältst, Produkte herstellst, sie einkleidest, Menschen heilst oder Dinge reparierst. Alles erfüllt letztendlich den selben Zweck: du dienst anderen!

Falls das nicht funktionieren sollte, dann überleg' dir einfach, was dir Spaß macht. Sobald du weißt, was dir Spaß macht, solltest du einfach handeln und nicht großartig darüber nachdenken, ob es ein sinnvoller beruflicher Weg ist, ob du davon leben könntest. Das ganze Zerdenken zerstört deine Träume, bevor du überhaupt anfangen könntest sie auszuleben. Dazu kommen noch unsere ganzen Verpflichtungen und Angehörigen, die wir aber für diesen Moment kurz ausblenden.

Falls du der Meinung bist, dass dir nichts Spaß macht, dann lies das nächste Unterkapitel ganz aufmerksam.

So oder so solltest du erstmal wieder Leidenschaft und Freude in dein Leben holen, was auch kein Hexenwerk und für jeden möglich ist. Fange an, alles intensiver und mit Freude zu machen. Steh früh auf und tanz' erstmal ein paar Minuten durch das Schlafzimmer, erlebe das Zähneputzen ganz bewusst, hab Spaß beim Kochen, mach' beim Putzen deine Lieblingsmusik an. Egal, was auch immer du tust, versuche Freude daran zu finden. Für den einen oder anderen mag das vielleicht irre klingen, es funktioniert aber. Sobald du die Dinge nicht mehr als ein Muss siehst und sie genießt, fallen dir auch andere positive Dinge zu.

Du ziehst dann ganz automatisch viele Möglichkeiten in dein Leben, von denen du vorher nur hättest träumen können.

Dein Warum wird das Wichtigste in deinem Leben sein. Es ist dein Motor, der täglich dein Leben antreiben wird. Wie viele von uns suchen nach einem Sinn? Finde deinen Sinn und kreiere ein Leben nach deinen Vorstellungen und lebe es Tag für Tag. Mit deinem Warum verändert sich alles für dich. Wirklich alles.

SUCHE BIS DU DEINE LEIDENSCHAFT FINDEST

Es gibt vier Möglichkeiten deine Träume herauszufinden: Manche Menschen wissen ganz genau, was sie wollen. Andere wussten es früher mal, doch dann fingen sie an sich an anderen zu orientieren und Wert darauf zu legen, was andere von ihnen halten und erwarten.

Und manchmal sind wir dann nicht mehr mit unserem wahren Ich verbunden, sodass wir keine Ahnung und kein Gefühl mehr dafür haben, wonach wir uns wirklich sehnen. Wir verlernen vor lauter Verstand echt zu sein!

Es gibt aber verschiedene Methoden, mit denen du herausfinden kannst, was du wirklich willst.

Ein guter Weg, um deine Träume zu identifizieren ist eine Liste mit allen Dingen, die du magst.

1. Was mag ich

Schreibe eine Liste mit all den Dingen, die du liebst und zu denen du dich hingezogen fühlst.

Auf der Liste sollten nur die Dinge stehen, die dich glücklich machen.

Sie enthält Dinge, die dich inspirieren und dich gut fühlen lassen. Es gibt keine Regeln für diese Liste. Nichts ist zu einfach oder zu kompliziert!

Du fühlst dich zu etwas hingezogen? Schreib es auf!

Es geht hier darum, ALLES aufzulisten und auf all deine Sinne zu achten. Was gefällt dir optisch, geschmacklich, welche Düfte magst du? Welche Musik findest du entspannend, anregend und beruhigend?

Dann füge noch hinzu welche Orte, Länder und Sprachen du magst.

Welche Menschen bewunderst du? Ganz egal, was dir auch einfällt, schreib es auf! Es gibt hierbei keine Begrenzungen.

Als Beispiel kannst du hier meine Liste sehen:

Wasser, Meer, Haus am Meer, Mond, Inspiration, Yoga, Freiheit, Hippies, ortsunabhängig arbeiten, weiß, gold, violett, beige, schreiben, Indien, Bücher, Buchläden, Cafés, Künstler, Musik, Emotionen, helfen, Psychologie, Spiritualität, Humor, Reisen, Liebe, Australien, England, Brighton, Wärme

2. Träume deiner Kindheit

Ganz egal wie blöd oder kindisch dir diese Liste vorkommen mag, schreibe es auf und schau, ob einer dieser Träume immer noch in deinem Kopf herumschwirrt.

Hier ein kleiner Auszug meiner Liste:

Sängerin, Schauspielerin, Tierärztin, Eiskunstläuferin, Ballerina, Heilerin, Hexe (ja, ernsthaft :-D)

Wie du siehst, haben die meisten "Berufe" etwas mit Kreativität oder Heilen zu tun.

Ich will heute nicht mehr Sängerin, Eiskunstläuferin usw. werden, dafür könnte ich mir vorstellen später Vorträge zu halten oder Bücher zu schreiben.

Ein Teil meiner Träume ist auch schon in Erfüllung gegangen, da du in diesem Moment meine Worte liest.

Schreibe deine Kindheitsträume auf, ohne dich selbst zu verurteilen oder sie ins Lächerliche zu ziehen. Also bitte nur die Wahrheit, egal wie peinlich oder unrealistisch sie dir auch erscheinen mag. Meistens sind diese Ideen die besten und wichtigsten!

Liste alles auf und schau, ob Elemente deiner Kindheitsträume in deiner aktuellen Liste noch vorhanden sind.

3. Träume anderer Menschen

Über Träume anderer Menschen zu lesen, kann eine gute Inspirationsquelle sein. Manchmal braucht unsere Vorstellungskraft nur einen kleinen Schubs in die richtige Richtung. Sei aber vorsichtig dabei, dass du die Träume anderer nicht für deine hältst.

Hier gibt's ein paar Ideen, was auf so einer Liste stehen könnte:

das Burning Man Festival besuchen, sich selbstständig machen, einen Road Trip durch Kanada machen, im Great Barrier Reef tauchen, ein Haus am Meer haben, jeden Tag glücklich und zufrieden sein, eine gemeinnützige Organisation gründen, ein Buch schreiben, ein Jahr lang als Nomade leben, eine Weltreise machen, selbstbestimmt leben, die Route 66 entlang fahren, ein Café eröffnen

Du kannst auch mit Freunden, die dir sehr nahe stehen, über deine Träume sprechen.

Wenn genug Vertrauen vorhanden ist, kannst du mit ihnen deine wildesten und verrücktesten Träume teilen.

Ihr unterstützt euch gegenseitig und kreiert einen sicheren Raum dafür, dass Träume an die Oberfläche kommen können.

4. Verschiedene Traum-Kategorien

Träume können in unterschiedliche Kategorien unterteilt werden. Wenn dir die Richtung fehlt und du lieber analytisch vorgehen willst, macht es Sinn das Wort „Traum" etwas strukturierter zu betrachten.

Die Berufswahl

Die meisten von uns verbringen 1/3 der Zeit auf der Arbeit, 1/3 schlafend und 1/3 am einkaufen, vor dem Fernseher oder mit anderen Freizeitbeschäftigungen.

Was wäre dein Traumjob?

Hierfür braucht es nicht viel Erklärungsbedarf. Wenn ich sage, dass ich davon träume Autorin zu werden und weiterhin zu bloggen, ist das genau das, worauf ich hinaus will – mein Traumjob!

Überlege, ob dir ein paar Berufe einfallen, die du gerne mal ausprobieren würdest.

Einmalige Erfahrungen

Eine weitere Kategorie, die alles vom Fallschirmspringen bis hin zum Singen auf der Bühne mit Tina Turner beinhalten kann.

Vielleicht träumst du auch davon einen Elefanten zu reiten oder einen Tiger zu streicheln. Oder eine Weltreise zu machen, mehrere Monate zu pilgern oder für eine Weile im Ausland zu leben.

Dinge, die du gerne einmal machen würdest, egal wie verrückt oder wie schwer sie auch zu erfüllen sind, gehören auf diese Liste!

Schreibe eine Liste mit zehn Dingen, die du gerne machen würdest, bevor du stirbst – auch Bucket List genannt.

Lifestyle

Diese Kategorie ist oftmals etwas schwerer zu definieren. Ein Lifestyle ist die Art und Weise, wie du dein Leben gerne leben möchtest. Außerdem ist es ein Gefühl der Zugehörigkeit.

Falls das etwas vage für dich klingen sollte, keine Sorge. Du hast sicherlich schon längst ein Gefühl dafür, was für eine Art von Leben du führen willst.

Beispiele von Lifestyles sind z. B. Minimalistisch, Nomadisch, Vegetarisch oder Luxuriös.

Vielleicht träumst du davon in einer Holzhütte im Wald zu leben, ganz abgeschottet von dem Rest. Oder du willst ein extrem luxuriöses Leben in einer Metropole führen.

Seinen Lifestyle zu ändern bedeutet harte Arbeit und ist nichts, was wir mit Leichtigkeit ändern können.

Wenn du keine Träume in dieser Kategorie hast, bedeutet es wahrscheinlich, dass du mit deinem aktuellen Lifestyle zufrieden bist und diesen auch beibehalten solltest.

Wenn ich davon spreche, dass ich ortsunabhängig arbeiten und leben möchte, dann ist es der Lifestyle, auf den ich mich beziehe.

Welchen Lifestyle lebst du gerade? Liste 1-2 andere Lifestyles auf, die du gerne mal ausprobieren würdest.

Deine Rolle

Die vierte Kategorie definiert die Rolle, die du gerne in deinem Leben hättest. Rollen sind eine Reihe von Verhaltensweisen, Rechte und Pflichten, die oft von sozialen Normen angeführt werden. Außerdem die Art, wie wir mit anderen interagieren.

Rollen, von denen Menschen träumen, sind: Mutter sein, andere inspirieren oder anführen, Student sein, Künstler sein oder andere zu heilen. Dies ist eine recht kleine Gruppe von Träumen, dennoch eine sehr wichtige!

Wenn ich sage, dass ich andere inspirieren und dazu motivieren will ihre Träume zu leben, ist es eine Rolle, die ich gerne einnehmen würde.

Mache eine Liste mit deinen aktuellen Rollen. Gibt es irgendwelche Rollen, die du gerne hinzufügen würdest?

Fähigkeiten

Die fünfte Kategorie der Träume sind deine Fähigkeiten. Hierbei geht es um all die Dinge, die du noch lernen willst. Die Fähigkeiten, von denen du schon immer geträumt hast, können Sprachen sein, ein Musikinstrument spielen können, kochen, tanzen und vieles mehr.

Ich will schon seit Jahren italienisch lernen. Das ist eine Fähigkeit, die ich gerne in Zukunft noch lernen will.

Mache eine Liste mit fünf Fähigkeiten, die du gerne hättest. Danach sortiere sie nach der Priorität.

Wie viel Übung brauchst du noch, bis du es beherrscht?

Qualitäten

Die sechste und letzte Kategorie der Träume, sind die Qualitäten. Diese Kategorie ähnelt der vorherigen, nur dass der Fokus hierbei auf deiner Person liegt. DEINE Qualitäten.

Träumst du davon positiv durchs Leben zu schreiten? Großzügig zu sein? Leidenschaftlicher und abenteuerlustiger? Entspannter?

Auch diese Kategorie ist mal wieder sehr wichtig! Sei deshalb sehr sorgfältig dabei.

Warum träumst du davon, etwas zu sein, was du nicht bist? Warum glaubst du, diese Qualitäten noch nicht zu haben?

Stelle sicher, dass du dir wirklich im Klaren bist, was deine Absichten und Gründe sind, bevor du deinen Fokus auf das Erreichen deiner Träume in dieser Kategorie legst.

Mache eine Liste mit deinen Traumqualitäten, die du bereits hast.

Träume können verwirrend sein

Die ganze Sache mit den Träumen kann verdammt chaotisch und gleichzeitig wundervoll sein und nur weil Träume so ansteckend sind.

Es kann eine super Sache sein, aber gleichzeitig auch verdammt irreführend, die eigenen Träume von deren anderer zu unterscheiden.

Unsere Gesellschaft wird täglich mit Träumen bombardiert. Zeitschriften, Werbung, Filme und Romane wollen alle, dass wir deren Traum kaufen und diesen für unseren halten. Dabei verlierst du aber deinen Traum und sie gewinnen Geld.

Ich habe mich selbst schon so oft auf dem falschen Weg befunden, da ich glaubte, dass die Träume anderer auch meine seien. Manchmal brauchte ich etwas länger um es zu realisieren und andere Male ging es ganz flott. Es war nie mein Traum im Büro zu arbeiten oder Management zu studieren. Für Manche ist es richtig, für andere aber nicht. Wenn es nicht richtig ist, fühlen wir uns unerfüllt und unglücklich, ohne zu wissen, woran es liegt.

Deshalb ist es manchmal weise, stehen zu bleiben und sich zu fragen, ob die Träume auch wirklich die eigenen sind. Der Unterschied zwischen echten und unechten Träumen. Manchmal kann ich zwischen meinem Traum und dem Traum einer anderen Person sehr gut unterscheiden. Wenn es nicht mein Traum ist, dann fühlt es sich auch fremd an und wenn es mein Traum ist, dann spüre ich die Freude und es fühlt sich dann auch einfach nur echt an.

Frag' dich, ob dich dein Bedürfnis näher zu dir selbst und deinem Potenzial führt oder dich davon entfernt.

Wenn ich z.B. ein paar Tafeln Schokolade verschlinge, fühlt es sich im ersten Moment wie Balsam für die Seele an. Ich kann aber auch ein Kilogramm Schokolade essen um mich zu betäuben, wenn es mir gerade nicht gut geht. Das wäre aber ein Beispiel für ein Bedürfnis, das mich längerfristig gesehen einfach nur weiter von mir distanziert.

Genau das selbe gilt für deine Träume. Möchtest du reisen, weil du abenteuerlustig bist und unbedingt die Welt sehen willst oder möchtest du einfach nur deinem Leben daheim entfliehen?

Distanziere dich für eine Weile von deinen Träumen

Ein anderer, sehr wirkungsvoller Weg um herauszufinden, ob deine Träume auch wirklich deine sind, ist es, sich für eine Weile von seinen Träumen zu distanzieren.

Das funktioniert mit Freundschaften, Beziehungen und auch Träumen. Was echt ist, bleibt!

Wenn du dir bei deinem Traum nicht sicher bist, verbringe Zeit mit etwas anderem und distanziere dich für die Zeit auch von den Menschen, die den selben Traum haben.

Wenn du z.B. gerne einen Modeblog hättest, distanziere dich für ein paar Wochen von allen Dingen, die damit zu tun haben. Lese in der Zeit keine Modeblogs und Modezeitschriften, triff' dich in der Zeit auch nicht mit Freunden, die die selben Interessen haben und geh nicht shoppen.

Nach ein paar Wochen wirst du merken, ob der selbe Traum noch in dir brennt oder nicht. Träumst du immer noch davon? Hast du es vermisst?

Wenn es so sein sollte, dann bist du auf dem richtigen Weg. Falls du aber nach den paar Wochen merken solltest, dass es da einen neuen Traum gibt, lass' von dem alten Traum ab. Es ist falsch zu testen und auszuprobieren und evtl. Platz für einen neuen Traum zu schaffen, der vielleicht noch aufregender und erfüllender ist.

Es zählen die Träume, die bleiben

Noch eine Möglichkeit, um herauszufinden, ob ein Traum wirklich deiner ist, ist zu sehen, was aus all den vielen Träumen übrig blieb. Dafür braucht es aber etwas mehr Zeit, als nur ein paar Wochen.

Welche Träume verfolgten dich jahrelang oder noch immer? Sind irgendwelche Kindheitsträume noch immer aktuell?

In einer Welt, in der sich Trends und unsere Gesellschaft rasant wandeln, ist ein noch immer vorhandener Traum mehr als nur eine kurze Spinnerei.

Wir alle haben schon zig Trends miterlebt, wie z.B. die Spice Girls, als jedes Mädchen Popstar werden wollte oder das Bauchnabelpiercing absolut angesagt war (ich hatte auch eins). Inzwischen gibt es viele andere Trends, denen nachgeeifert wird. Es ist auch nichts falsches daran, sich Träume zu erfüllen, die gerade modern sind, wenn es auch wirklich deiner ist. Aber selbst das merkt man durch ausprobieren mit der Zeit.

Die meisten Träume bleiben nicht und das liegt nur daran, dass es nie deine waren. Lerne zu unterscheiden welche Träume einfach gerade modern sind und durch die Medien gepusht werden und welche wirklich von dir sind.

LEBE DEINEN TRAUM

Wenn du die Umstände, in denen du dich gerade befindest, mal außen vor lässt, wer und was wärst du dann gerne in der Zukunft? Es spielt keine Rolle, was andere davon halten, ob sie es unmöglich halten. Die einzige Person, die hierbei zählt, bist du.

Als ich mit dem Bloggen anfing, hat auch niemand geglaubt, dass ich davon leben werde. Als mein Vater sich selbstständig machte, hat sich fast die ganze Familie darüber lustig gemacht. Er ließ sich aber nie davon entmutigen und das war letztlich auch alles, was zählte. Negativität und Zweifel haben nichts bei der Umsetzung deiner Pläne zu suchen.

Und bitte lösche den Gedanken aus deinem Kopf, dass es den richtigen Zeitpunkt gibt. Den gibt es nie. Jedes mal, wenn du deinen Neubeginn aufschiebst, entfernst du dich ein Stückchen mehr von deinen Träumen. Dieser Gedanke hat schon viele Träume zerstört, wird aber nicht deinen Traum zerstören!

Egal, was du auch schon in deinem Leben erlebt hast: Du darfst träumen und das werden, was du schon immer werden wolltest. Jeder hat das Recht auf ein Leben mit Leidenschaft. Vergiss dabei deine Vergangenheit, denn sie ist nicht deine Zukunft. Du kannst dir jederzeit eine neue und besser Zukunft schaffen.

Bei der Suche nach der Erfüllung deiner Träume musst du aber auch mal nach rechts und nach links schauen. Nicht immer sind die Träume nämlich in der Nähe unserer Tätigkeit. Oft sind unsere wahren Leidenschaften ganz woanders zu finden. Ganz oft liegt der Schlüssel zu deinem Glück in der Vergangenheit. Deshalb nimm dir Zeit und spüre deine alten Träume auf, die du irgendwo vergraben hast. Und noch viel wichtiger: akzeptiere, dass du allein deine Richtung ändern kannst.

Die Richtung ist wichtiger als die Geschwindigkeit deines Lebens. Für alles wollen wir ein Programm haben, dass vieles vereinfacht und beschleunigt. Alles wird schneller und belangloser. Wir brauchen ein besseres Zeitmanagement und einen Reiseplan für den Urlaub. Ist es aber nicht nahezu lächerlich, wenn die Geschwindigkeit wichtiger als die Richtung ist? Ist es nicht tragisch, wenn wir Minuten sparen wollen und dabei Jahre verschenken und unsere Träume soweit vergraben, dass wir sie nicht mehr finden können?

Gehöre nicht zu den Menschen, die sich keine Gedanken über ihre Richtung machen und einfach nur durch das Leben rasen oder kaum noch Lust an ihrem Leben haben. Denn die Geschwindigkeit spielt keine Rolle, wenn wir nicht wissen wohin es geht.

Es ist möglich, morgen schon etwas ganz anderes zu machen und jemand Anderes zu sein.

Such‘ bis du es findest. Gib dich nicht mit weniger zufrieden. Du hast dieses eine Leben, das dir gescheckt wurde. Es wäre die reinste Verschwendung daraus nicht das mit Abstand beste zu machen.

Willst du dich bei denen einreihen, die schon am Sonntag Magenschmerzen wegen Montag kriegen? Es ist nur reine Kopfsache und jeder kann das ändern.

Verschwende nicht dein Leben, denn du wirst es garantiert bereuen. Wir alle haben eine Gabe, die ausgelebt werden will. Und du bestimmst, ob du es zulässt oder weiterschläfst und aufwachst, wenn es zu spät ist.

Gib‘ dich nicht mit dem erstbesten Job zufrieden, wenn

er keine Euphorie in dir auslöst. Sei mit einem Partner zusammen, den du von ganzem Herzen liebst. Lass' dir einfach von niemandem vorschreiben, wie du dein Leben zu leben hast – denn dafür ist es zu kurz.

Deine Zeit ist begrenzt und deshalb solltest du sie nicht darauf
verschwenden, das Leben eines anderen zu leben.
Lass' dich nicht von einem Dogma festhalten –
mit den Ergebnissen Gedanken anderer leben zu müssen.
Lass nicht den Lärm anderer Meinung
deine innere Stimme verstummen.
Und vor allem, hab den Mut deinem Herzen
und deiner Intuition zu folgen.
Die wissen nämlich irgendwie bereits,
was du tatsächlich werden willst.
Alles andere ist zweitrangig.
– Steve Jobs

Und sobald du anfängst an dich und deine Träume zu glauben, wirst du sehen, dass sie zu einer Art Magnet werden, der alles und jeden in dein Leben zieht, um deine Wünsche, Hoffnungen und Träume real werden zu lassen. Das wirst du vielleicht jetzt glauben. Frag' aber einfach mal Menschen, die ihren Träumen nachgehen. Sie werden es dir alle bestätigen. Es ist, als ob das Universum sie dabei unterstützt ihr wahres Potenzial auszuleben.

SCHLUSSWORT

Gib deinem Leben einen Sinn und
lebe es voller Leidenschaft.
Überschreite deine Grenzen.
Träume viel, sei verrückt und verwirkliche dich.
Hab keine Angst vorm Scheitern.
Steh' einfach wieder auf wenn du gefallen bist.
Das Leben wartet nur darauf, dass du es lebst.
Es erfordert aber Mut und Courage.
Steh' auf und nimm' die Herausforderung an.
Du hast nur dieses eine Leben.

Wenn du selbstbestimmt leben möchtest, gibt es nur
eine einzige Person, die dich davon abhält.

Du.

ÜBER DIE AUTORIN:

Evelin Chudak ist Reisende, Autorin und Reise & Lifestyle Bloggerin.
Sie liebt das Leben mit all seinen Höhen und Tiefen und versucht andere dazu zu inspierenen ihren Traum zu leben.

Weitere Infos auf modernhippie.de

9314261R00119

Printed in Germany
by Amazon Distribution
GmbH, Leipzig